Karin Müller

Gespräche mit Katzen

Karin Müller

Gespräche mit Katzen

*Erstaunliche Erfahrungen
mit dem sechsten Sinn*

KOSMOS

In Erinnerung an Onkelchen. Danke für alles.

In diesem Buch kommen die Katzen zu Wort. Damit Sie die Tier-protokolle und Erfahrungsberichte der Katzenbesitzer schneller finden, haben wir sie mit einer 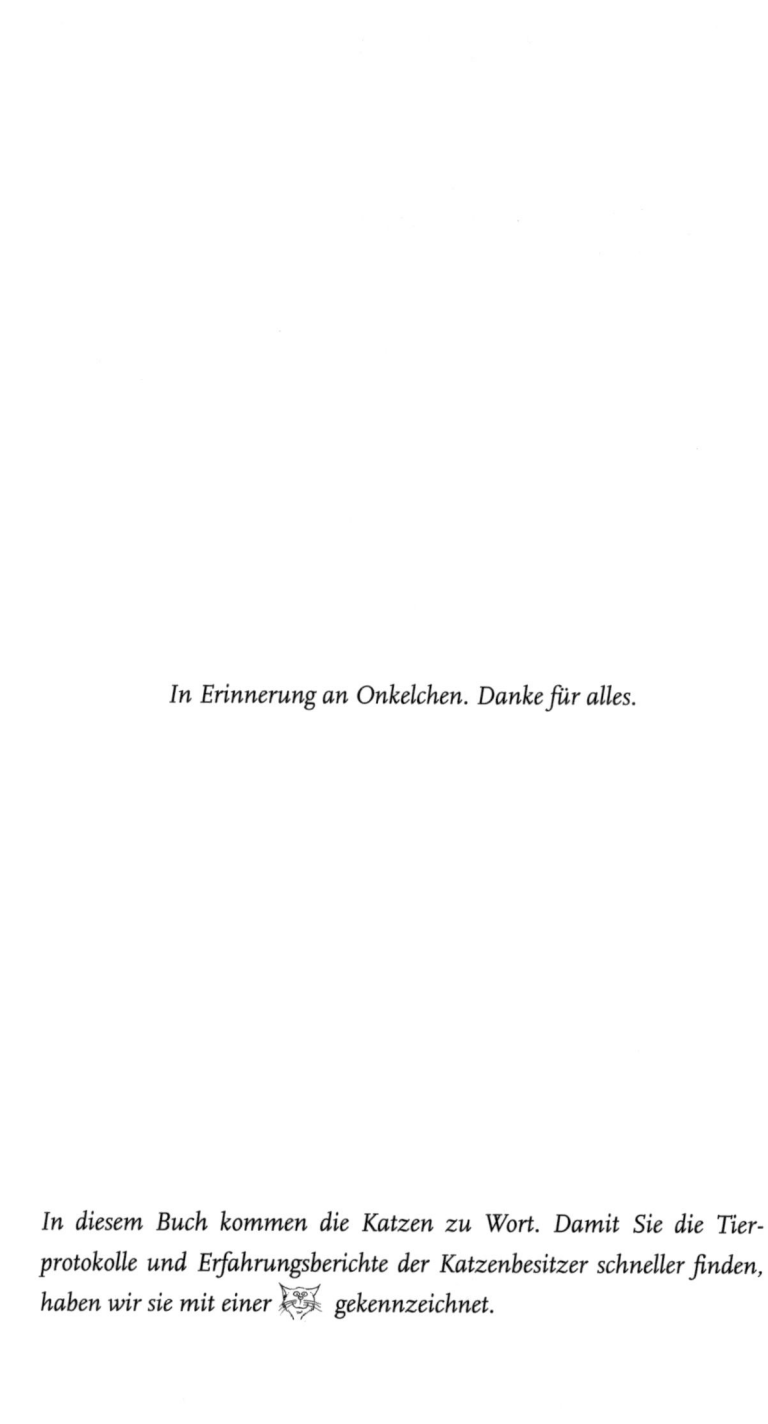 *gekennzeichnet.*

Inhalt

„Das Mitgefühl mit allen Geschöpfen ist es,
was Menschen erst wirklich zu Menschen macht."

ALBERT SCHWEITZER
(ev. Theologe, Arzt u. Philosoph, 1875–1965)

„Wir sind Katzen. Wir sind frei. Wir dienen allem, was ist."

KATER ONKELCHEN

Zum Geleit

„Lieber Gott, sag mir bitte, haben Tiere eine Seele?" Diese bange, sehr ernsthaft gemeinte Frage stellte ich Gott, gerade 6 Jahre alt, in einem eigens an ihn adressierten Brief. Häufig hatte ich von Erwachsenen gehört, Tiere hätten „keine Seele, so wie wir Menschen". Mein Gefühl sagte mir schon als kleines Mädchen, dass das ein riesiger Irrtum ist. Heute, im Alter von 43 Jahren, haben Gott und die Schöpfung mir meine Frage durch meine Erfahrungen mit den Tieren und der mentalen Kommunikation mehr als tausendfach beantwortet.

Ich lebe und arbeite seit einigen Jahren als Tierkommunikatorin und bin zutiefst dankbar für diese Aufgabe, für dieses Geschenk, Menschen und ihre Tiere einander klarer und besser verstehen zu lassen. Ich bin dankbar dafür, dass ich lernen durfte, jenen Menschen, die sich diese oder ähnliche Fragen stellen, über den mentalen Kontakt zu den Tieren eine glaubhafte Antwort geben zu können. Tiere als Seelenwesen, als gleichwertige Partner und als fühlende, intelligente, denkende Wesen – was macht so viele Menschen glauben, dass das absurd ist? Ist es eher Traumdenken, mystisches Glatteis, Glaubenssache oder schlicht ein vergrabener Sinn, den wir Menschen über viele Jahrtausende vergessen haben? Wie viele Tierliebende wünschen sich, mit den eigenen Tieren wahrhaft sprechen zu können, beweisbare und damit für den Verstand annehmbare Antworten zu erhalten.

Von Herzen und mit großer Freude geleite ich Sie in dieses schöne Katzenbuch, das meiner geschätzten Kollegin und Freundin Karin Müller, wie vielfach aus ihrer Feder gewohnt, hervorragend gelungen ist. Es beantwortet jene Frage nach der Seele der Tiere und beleuchtet den Hintergrund der Mentalen Sprache. Karins Arbeit fußt auf Bodenhaftung, Kompetenz, Hintergrundausbildungen und einer Hingabe an ihre Berufung, die Tierkommunikation, die überzeugt und ansteckt. Sie verzichtet auf Wertungen, esoterische Irrwege und zeigt Möglichkeiten auf, das eigene Urteilsvermögen zu nutzen, um an die innere Wahrheit zu gelangen. Sie schafft es, sowohl offenen als auch skeptischen Menschen die Möglichkeit aufzuzeigen, dass Telepathie und Kommunikation mit Tieren nicht nur für alle Menschen machbar, sondern Selbstverständliches sein kann und aus der menschlichen Natur heraus entsteht. Wir alle haben diese Fähigkeiten in unsere Wiege gelegt bekommen. Karin weist wunderbar einfache Wege, sie neu zu entdecken und zu nutzen, um ihnen in unserem Alltag mit den Tieren einen Platz zu geben. Sie erfahren, wie spannend und bereichernd mentale „Gespräche mit Katzen" sein können, wenn wir sie auf einer Ebene führen, die still, wortlos, immer wieder erstaunlich und sehr berührend ist.

Die mentale Kommunikation ist heilsam für die Beziehung zwischen Menschen und ihren Katzen. Sie schafft Verständnis für die Bedürfnisse aller Beteiligten und Raum für gänzlich unerwartete Formen der Freundschaft zu unseren Samtpfoten. Katzenliebe, das weiß jeder Mensch, der je einem solchen Tier nahestand, ist eine besondere Liebe! Es ist nicht leicht, sie mit passenden Worten zu beschreiben, berührt sie uns doch in einer Tiefe, die ihresgleichen sucht. Katzen sind voller Hingabe, absolut ehrlich, gelassen, manchmal auch streng, doch immer ein herrliches Geschenk für ihre Menschen. Ob man als Dosenöffner, Türauf- und -zumacher oder als Reinigungskraft für seine Katze fungiert, alle Katzenmenschen haben etwas miteinander gemein: Sie haben einen Tierfreund an ihrer Seite, der sie mit nur einem Blick um den Finger wickeln kann, der eigenständig, unbestechlich, sehr sanft und dennoch bestimmt ist, der mit seinem Dasein tiefe Ruhe und mit seinem Schnurren unendliches Wohlgefühl und Heilung auf allen Ebenen des Seins schenkt.

Katzen schauen uns tief ins Herz, sie haben einen nahezu magischen Blick und Weisheit spricht aus ihren Augen. Wäre es nicht traumhaft, ihr Anliegen zu verstehen, sie wahrzunehmen auf der Seelenebene und ihre Antworten auf all unsere Fragen zu erhalten? Sie einfach selbst fragen zu können, wenn wir ihr Verhalten nicht begreifen? Wir Menschen können mit unseren Katzen wachsen, wenn wir ihnen zuhören, sie und ihre klugen Hinweise beachten, unsere Herzen öffnen für ihre mentalen Botschaften. Ich bin überzeugt, dass kein Mensch, der die samtene Nähe einer Katzenseele einmal erfahren hat, sie je wieder missen will oder sie vergessen wird.

Inspiriert durch meine Katzenfreundin und „Seminarassistentin" Fräulein Mitzi, möchte ich das Wort an sie als eine große Tierlehrerin weitergeben, die die staunenden Menschen mit Wonne und Hingabe durch meine Workshops und mentalen Kommunikationen begleitet und sich stets freut, ihr Wissen mitteilen zu dürfen. Sie ist – wie wäre es anders möglich – die beste Katze auf der Welt.

Petra: Mitzi, du sagtest mir, du möchtest mir für die Leser einige Gedanken mitgeben. Erzählst du, wie du die Frage über die Seele der Tiere beantworten würdest?

Mitzi: *Die Seele trägt jedes Wesen von Raum zu Raum, von Zeit zu Zeit, immer wieder in das Licht hinein, in das All-eins-Sein, alles ist darin enthalten. Die Seele stirbt niemals. Jedes Tier, jeder Mensch hat dieses Stück Leben in sich. Es ist ein Licht, das du nicht greifen kannst, nicht berühren. Jeder hat es. Tier, Mensch, alles ist durchdrungen von Seele. Das, was wir alle lernen, spüren, in uns tragen an Erinnerungen, Gefühlen, Hoffnungen, Prägungen und alles, was das Leben ausmacht, das enthält sie, diese Essenz. Beseelt sein bedeutet atmen und leben. Auch ohne den Körper lebt alles weiter. Es gibt die große Seele, die viele kleine Seelenteile hat, wie dein Körper viele Zellen hat, in der deine Seele sich aufhält. Warum macht ihr Menschen euch nur so viel Gedanken? Ihr seht doch, dass wir*

Tiere leben. Alles was ist, lebt. Wozu darüber nachdenken? Ihr macht es euch schwierig. Nehmt es doch einfach, wie es ist! Körper werden verlassen, Seelen sind die Bewohner. Sie sind der Atem, der darin wohnt und alles bewegt. Ewig sind sie, gehen in alles ein. Wandern von Körper zu Körper, um zu lernen und zu erfahren, zu reifen. Wir Tiere haben diese Reife bereits zu einem hohen Anteil erfahren. Menschen lehren wir gerne, wenn sie uns zuhören. Es werden immer mehr und das ist gut und wichtig. Wir sind dafür da, das Wichtigste zu zeigen.

Petra: Was ist denn deiner Meinung nach das Wichtigste?

Mitzi: *Liebe! Sie stützt und nährt alle und alles. Sie ist das Licht, von dem ihr dauernd sprecht.*

Petra: Kannst du etwas dazu sagen, wie du die Kommunikation zwischen Menschen und Katzen siehst?

Mitzi: *Menschen glauben oft, sie könnten nicht mit uns sprechen, weil sie es nicht erkennen. Sie glauben ihren Wahrnehmungen und ihrem Gefühl nicht. Viele zweifeln an sich, weil sie sich von ihren Instinkten so weit entfernt haben und glauben, dass wir Tiere sie nicht verstehen. Sie denken den lieben langen Tag und sehen nicht, dass sie sich davon auch mal ausruhen müssen. Sie sind es sich nicht wert, Pausen zu machen, um sich zu stärken. Menschen können mehr, viel mehr leisten, mehr Zeit für schöne andere Dinge haben, wenn sie eine Auszeit vom Denken machen. Sie grübeln. Sie sollen lieber schlafen, oder dösen in dieser Zeit. Schlaf macht schlau. Die Menschen sollen uns Tieren mehr zuhören. Wir können sie anleiten und das wünschen wir uns auch. Helft dabei, indem ihr zuhört und PAUSEN macht. Wir tragen, zeigen und spiegeln es für euch. Wir sorgen uns um euer Wohl. Wir sind für euch da. Ich wünsche den Menschen Geduld, Ruhe und Frieden mit sich selbst. Ich wünsche mir, dass sie das Leben achten. Die Freude am Leben ist oft viel zu klein. Viele verstehen es falsch. Sie suchen außen ihr Glück, aber die Freude am Leben IST Glück. Was braucht es mehr, als froh zu sein und am Leben? Das Leben schenkt alles. Du bist frei. Verstehst du?*

Petra: Vielleicht.

Mitzi: *Ich wünsche mir, dass wir mehr noch beachtet, beobachtet und innerlich wahrgenommen werden. Das beruhigt die Menschen und ich mag es, wenn sie innehalten. Aus meinen Verstecken sehe ich sie laufen, huschen, rennen und schnell fahren. Sie vergessen so viel, weil zu viel in ihren Köpfen ist, sie kommen nie an ihr Ziel, weil sie alles auf einmal tun wollen. Manchmal muss ich lachen, aber meistens tun sie mir leid und ich rufe ihnen zu, aber sie hören mich nicht.*

Petra: Sag mal, Mitzi, wie meinst du denn, können sie lernen, den Katzen zuzuhören?

Mitzi: *Aufhören, soviel auf einmal zu tun, mich und meine Freunde anschauen! Wir sind einfach da – beobachten, nehmen Informationen auf. Wir schauen euch an und sprechen dabei in Gedanken. Gedanken formen ist miteinander sprechen. Wir schicken euch unsere Gedanken, viele hören sie nur nicht, erkennen sie nicht, weil sie zu viele eigene und hektische Gedanken haben, sie wollen immer alles alleine lösen, hetzten zu sehr. Eilig, eilig. Das bringt nichts. Keine Klarheit. Ich muss mich oft wundern darüber, wie sie ihre Kraft verschwenden mit unwichtigen Dingen. Pausen, sage ich. Ruhe, Beobachten, Spielen, dann ist wieder genug Kraft da. Es ist mein Wunsch, dass viel mehr Menschen uns Katzen lauschen.*

Petra: Viele Menschen können aber ihr Leben nicht einfach mal eben so umstellen und zum Beispiel ihre Arbeit nicht mehr tun, sie sind gefordert. Hast du eine Idee dazu, wie sie dennoch deinen Rat umsetzen könnten?

Mitzi: *Natürlich, ich sagte es schon, nicht alles auf einmal, Geduld, sich regelmäßig Zeit nehmen, in die Stille lauschen. Das kann jeder Mensch, wenn er will. Sie sollen uns ansehen und eigene Gedanken als unsere erkennen. Sie fließen von uns in eure Köpfe und Herzen. Ihr meint immer, es sind eure eigenen Gedanken. Wir reden immer mit euch, nur ihr Menschen meint, es ist nicht so. Ihr habt einfach zuviel im Kopf. Das ist schon alles. Wenn ihr das verändert, wird es immer leichter, uns zu verstehen.*

Petra: Magst du den Lesern noch andere einführende Gedanken in dieses Buch mitgeben?

14

Mitzi: *Ja – lacht einfach mehr mit uns. Spielt mit uns und denkt euch neue spannende Sachen aus, wir verstehen euch. Bitte nehmt unsere Wünsche wahr: gutes Essen, ein schönes warmes Plätzchen, ein bisschen Kuscheln und nicht so viel Lärm, wenn es geht. Das wäre schon prima. Und ich möchte den Menschen sagen, dass alle Tiere sprechen. Das ist vollkommen natürlich. Freut euch, wenn Menschen, die das wissen, es euch zeigen. Ich möchte gern bei der Verständigung helfen. Das Leben wird so nicht nur für viele meiner Freunde lebenswerter sein, sie werden es euch auch danken. Ihr könnt uns alles fragen. Wir wissen immer Antwort. Es macht uns Spaß, fröhliche Menschen zu sehen und euch zu lehren. Wir Katzen zeigen euch den Weg in die Freiheit. Ich bin eine stolze Lehrerin, die ihre Aufgabe gefunden hat und viele meiner Freunde warten noch darauf, gehört zu werden Wir können euch unsere Wünsche erzählen und euch Einblick in unsere Seele geben. Respekt und Aufrichtigkeit sollen zwischen Menschen und Katzen sein, denn wir bringen Heilenergie zu euch. Das ist eine unserer Aufgaben bei den Menschen. Wir sind Heiler. Alle Katzen sind das. Wir bewegen das Wasser in euren Körpern mit unserem Schnurren, bewegen es zurück in die Harmonie, den Gleichklang, ziehen Schwere heraus und bringen Licht hinein, öffnen eure Herzen. Spürt uns mit euren Herzen!*

Diese liebevolle Botschaft meiner Katzenfreundin soll Ihnen das Tor öffnen in eine fantastische Welt mit Ihren Katzenbegleitern. Mitzi wird, genau wie so viele andere Katzen, nicht müde, sie immer neu in diese Welt einzuladen. Lernen Sie von unseren gütigen, klaren Tierlehrern. Das „Wie" erzählt Ihnen Karin.

Mitzi und ich wünschen Ihnen nun, dass sie durch dieses Buch ein Herz voller Freude und viele wundersame Begegnungen erleben! Lassen Sie sich von der Begeisterung anstecken, die Karin in Ihnen wecken wird, der Rest wird (fast) von alleine geschehen!

Petra Wiesmann
Köln, im Herbst 2008

Wie meine erste Katze zu mir kam

Auf den Hund gekommen bin ich schon im Kindergartenalter. Auf meine erste Katze kam ich ein wenig später – kurz nach dem Abitur. Ich half damals, nach dem Tod meines Hundes bis Studienbeginn, ehrenamtlich im Tierheim meines unterfränkischen Heimatstädtchens. Es gab immer reichlich zu tun: Käfige schrubben, Zwinger und Ausläufe säubern, Futternäpfe reinigen, füttern, streicheln, mit den Hunden raus und Gassi gehen. Die Katzen in zwei großen Räumen nutzten mich gerade in der Anfangszeit gern als Kletterbaum. Wenn ich zu lange brauchte, von der Tür bis zum Abstellen der Futternäpfe auf dem Fußboden, hing ich buchstäblich voller Katzen wie ein kugelgeschmückter Weihnachtsbaum. Meine Reaktionsschnelligkeit wuchs rapide.

Eines Tages, kurz bevor ich meine Sachen packte, um in Lüneburg mein Studium anzutreten, saß ich auf eine Kaffeepause im Tierheimbüro. Es war mein letzter Kaffee als Nichtkatzenmensch. Aber das wusste ich noch nicht, als ich die kleine Getigerte sah, die auf einmal maunzend in der Tür stand. Augenzwinkernd schaute sie mich direkt an.

„Die darf frei laufen", erklärte mir die damalige Tierheimleiterin auf meinen fragenden Blick. „Sie wird morgen eh eingeschläfert, nicht vermittelbar, krank, halb blind und viel zu scheu."

Ich verschluckte mich fast an meinem Kaffee, denn in diesem Moment sprang mir die Katzendame auf den Schoß und schnurrte. Ich erfuhr, dass sie es überlebt hatte, nach dem Auszug ihrer Familie in einer leeren Wohnung zurückgelassen worden zu sein. Ein Auge zerkratzt und milchig, völlig abgemagert, mit einem Magen, der fast nichts mehr bei sich behalten konnte – so lernte ich sie kennen. Der Rest ist eine Geschichte mit Happy End. Chuckylee nahm von mir Besitz. Auf dem Zweiplattenherd in meiner winzigen Studentenbutze kochte ich ihr Hühnchen mit Reis, päppelte sie langsam wieder auf und half ihr, die Angst vor fremden Menschen (und Tieren) zu überwinden. Sie blieb vierzehn wunderbare Jahre und diverse Ortswechsel lang bei mir. Ihr Körper ruht in meinem Garten. Feechen (11) und Onkelchen (20) sind die beiden Katzenherrschaften, die zurzeit mein Heim teilen. Die eine wurde auf die Straße gesetzt, weil sie kahle Stellen im Fell hatte – eine Allergie gegen Futterzusatzstoffe, wie wir herausfanden. Der andere, bedrohlich fett gefüttert, wurde mit sechzehn Jahren „zum Totmachen" in der Tierarztpraxis abgegeben, weil er angeblich einen Tumor hatte. Es sind zwei von so vielen Katzen mit den unterschiedlichsten Schicksalen, die jeden Tag in Vereinen wie der privaten Katzenhilfe, in Pflegestellen oder den Tierheimen auf uns warten. Sie bereichern unser Leben.

Außerdem gehören zu unserer tierischen Familie die Hündin Lillepuss, zwei Pferde namens Sunny und Porky und die beiden Hühner Anneliese und Elvira.

Aber wie bin ich nun zur Tierkommunikation gekommen? Nun, nach Aussage meiner Eltern war ich schon als Kleinkind am glücklichsten, wenn ich Tiere um mich hatte. Ich bin mit ihnen groß geworden. Auf der Straße habe ich verletzte Schwalben aufgelesen und unter Anleitung meines Vaters gebrochene Flügel mit Eisstielen geschient. Meine griechische Landschildkröte lebte viele Jahre halbwild im Garten, grub sich im Herbst zum Überwintern ein und kam im April wieder an die Erdoberfläche. Ich wusste immer, wann ich sie finden würde. Die Wellensittiche lebten im Sommer in einer Riesenvolière im Garten meines Elternhauses und im Winter war ihr Innendomizil die Küche (und wenn jemand das Türenschließen vergaß, auch das übrige Erdgeschoss). Meine Meerschweinchen

waren stubenrein, bei den Hamstern habe ich das nicht ganz geschafft. Mein erster Hund zog meinen Puppenwagen und ging an
der Longe – für ein richtiges Pferd war der Garten zu klein.
Katzen kamen, wie gesagt, später. Früher als die meisten Erwachsenen jedoch war ich mit all meinen geliebten Vierbeinern beim Tierarzt. Ich sah ihnen „an der Nasenspitze" an, wenn etwas fehlte. Ich
hatte so einen „ganz speziellen Draht", sagte man. Ich brachte Tieren alles (Un)mögliche bei, wir waren oft eine verschworene Gemeinschaft, ein Rätsel für die Erwachsenen. Für mich war das alles
normal. Ich spürte ihre Bedürfnisse, fühlte mit ihnen, hatte ihre
wortlosen Gedanken im Kopf. Ich konnte übersetzen, was ihnen
fehlte oder in ihnen vorging. Doch ich sehnte mich nach einer noch
deutlicheren Verständigung. Nach einem Miteinander-Reden-Können wie der Heilige Franz von Assisi – oder zumindest wie im Märchen, bei Urmel aus dem Eis oder Doktor Doolittle – oder wie in
meinem damaligen Lieblingsbuch „Das wunderbarste Meerschweinchen der Welt" von Paul Gallico. Die kleine Cäcilie und ihr
Meerschweinchen Hans-Peter bekommen darin diesen Wunsch
nämlich erfüllt. Sie können einander wörtlich verstehen! Allerdings
nur für die Zeitdauer von zwölf Uhrschlägen. Das einzige, was die
beiden sich in all der Aufregung und Nervosität sagen können ist:
Ich hab dich lieb.

Dass ich, dass *wir alle* letztlich viel mehr sagen können, dass wir viel
mehr voneinander erfahren können, dass ich schon von Kindesbeinen an weit mehr mitteilen und verstehen konnte, habe ich erst später begriffen. Für mich bekam all das im Jahr 2000 in Schweden
endlich einen Namen: Tierkommunikation, mentale, telepathische
Verständigung. Aha, so hieß das also. Und es war wieder nicht so
spektakulär, wie ich mir erhofft hatte, sondern ganz normal, so normal, dass man es fast übersah. Und die es praktizierten, waren
ebenfalls ganz normale Menschen. Keine Überflieger, keine Heiligen. Keine Wallergewänder, keine Kristallkugeln. Menschen wie du

und ich. Enttäuschung. Das war alles? Das machte ich doch schon mein Leben lang ... Wo blieben die Fanfaren, das Feuerwerk, der Tusch oder zumindest ein Tier, das mir tief in die Augen sah und laut und deutlich zu mir sprach? Anfangs tat ich mich schwer, meinen Kopf, meinen Verstand, die Kontrolle abgeben zu können – geschehen und sich wiederholen zu lassen, was ich als Kind und Jugendliche als selbstverständlich wahrgenommen hatte. Doch in der Zwischenzeit war ich Geisteswissenschaftlerin und Redakteurin geworden. Hatte mich bestmöglich Zahlen, Fakten, Messbarem verschrieben – Verstand pur. Phänomene, die mich zeitlebens in der Praxis begleitet hatten, wie Hellsichtigkeit, energetische Heilungen oder eben Telepathie untersuchte ich nun eher in der Theorie – durch ausgiebige Wanderungen in Literaturbergen und dezente Lenkung bei der Themenwahl als Berichterstatterin. Ich fand sowohl wissenschaftliche Erklärungen wie esoterische Erkenntnisse und eine verblüffend große Schnittmenge aus beidem – und ich begegnete bei meinen Reportagen und Interviews allerlei fesselnden Menschen. Manche von ihnen waren Scharlatane, einige waren Gurus oder einfach Leute mit besonderem Wissen oder Fähigkeiten und Lücken in anderen Bereichen. Von allen habe ich lernen dürfen. Auch, dass man manchmal den Wald vor Bäumen nicht sieht und dass wir alle nur mit Wasser kochen. So bekam ich Kopf und Bauch unter einen Hut. Das hat mir die Bodenhaftung bewahrt – auch bei allerlei wirklich Spektakulärem, das mir später begegnete, als ich reifer dafür war. Ent-Täuschung tut gut.

Vor zehn Jahren wusste kaum jemand etwas in Deutschland mit dem Begriff Tierkommunikation anzufangen. Heute sprießen Anbieter wie Pilze aus dem Boden. Ähnlich wie bei Pilzen sollte man bei der Wahl eines Tierdolmetschers durchaus sorgfältig sein. Ganz offensichtlich immerhin wird das Thema gesellschaftsfähiger, die Menschen offener, bereiter, sich einzulassen und einzustellen auf die Bedürfnisse ihrer Tiere und die Möglichkeit, mehr über sie und von ihnen zu erfahren.

Katzen ... zu allen Zeiten haben sie die Menschen in ihren Bann gezogen. Sie wurden wie Götter verehrt oder mit Hexen verbrannt, ertränkt, erschlagen. Der Umgang mit ihnen verrät viel über die Kultur des Menschen und wie er mit seinen Ängsten umgeht.

Katzen sind anders ... Katzenmenschen auch. Hundebesitzer und Katzenmenschen sind oft wie die Fanclubs zweier Fußballmannschaften. Oder wie Beatles-Fans contra Rolling Stones. Aber wer ist wer? Und sind wir nicht alle nur irgendwie Dosenöffner, Portiers oder Reinigungskräfte, wie Petra Wiesmann uns Katzenbesitzer so schön beschrieben hat?

Ich liebe Tiere (ausgenommen manchmal Pferdebremsen, Dasselfliegen und ähnliche Lebensformen). Ich finde Hunde wie Katzen haben ganz eigene, wunderbare Eigenschaften. Und es ist wunderbar, mit ihnen in einen tiefen, unmittelbaren Kontakt zu kommen, zu kommunizieren und etwas über sie zu erfahren, was nur sie selbst mitteilen können ... und das geht – genau – auf dem Weg der Telepathie. Und den kann jede und jeder beschreiten. Denn es geht einzig darum, unsere Wahrnehmung und Aufmerksamkeit zu schulen.

Telepathie.

Ja, ist das denn nicht Hokuspokus? Hat das denn wirklich nichts mit Hollywood oder Science-Fiction zu tun?

Nein. Telepathie ist uns angeboren als eine von vielen Fähigkeiten unseres Gehirns.

Wie sie funktioniert, wie man es lernen kann, diesen sechsten Sinn zu reaktivieren; wie man Schritt für Schritt mit seiner Katze auf diesem Weg Gedanken austauschen kann; was Telepathie kann und wo ihre Grenzen sind – das will ich Ihnen in diesem Buch gern näherbringen.

Beweisen, dass es eine telepathische Kommunikation zwischen Mensch und Tier gibt, kann und will ich nicht. Ich kann mit Erfahrungen dienen – eigenen und denen von Seminarteilnehmern und

Klientenbesitzern. Und ich gebe Ihnen die Möglichkeit, eigene Erfahrungen zu machen. Dann „wissen" Sie wirklich, wie es sich anfühlt. Sie sind da noch skeptisch? Wunderbar! Herzlich willkommen im Klub der Genau-Hingucker! Ich will kein Buch schreiben für Alles-Glauber. Das wäre ja langweilig. Und auch fahrlässig. Es gibt schließlich auch einige Risiken und Nebenwirkungen, wie ich aus eigener Erfahrung weiß.

Risiken und Nebenwirkungen der Lektüre dieses Buches
Die Beschäftigung mit (Tier-)Telepathie kann mehr oder weniger stark an Ihrem Weltbild rütteln, bei manchen krempelt sie ein wenig das Leben um. Sie bringt uns über kurz oder lang dazu, unsere Einteilungen und unser Klassendenken zu überprüfen und neu zu ordnen, wenn nicht gar aufzugeben.

Als ich kurz vor der Jahrtausendwende in Schweden zum ersten Mal einer Frau begegnete, die ihren Beruf mit „Tierdolmetscherin" angab, wollte ich einen Artikel über sie veröffentlichen. Es wurden Bücher. Dies ist mein fünftes zum Thema.

Seit ich „Der sechste Sinn – Zwiesprache mit Pferden" geschrieben habe, sind fast auf den Tag acht Jahre vergangen. Skeptisch bin ich auch heute noch, vielleicht sogar mehr als früher. *Skepsis* heißt vom Wort her letztlich nichts anderes als *genau hinschauen*. Und das kann ich immer noch nur empfehlen. Im weiten Feld von Esoterik und Spiritualität haben wir es wie überall mit Menschen zu tun. Manche Menschen suchen Gurus, andere meinen, welche zu sein. Für beide ist die Gefahr besonders groß, die Erdung zu verlieren. Menschen sind nicht perfekt. Dem Himmel sei Dank! Sie haben und sie machen Fehler.

In meinen Berufsjahren als Redakteurin habe ich viel gesehen und erlebt. Ich war genervt von der oberflächlichen „Bussigesellschaft" einer mehrheitlich profilneurotischen Medienszene und angetan von der Souveränität und Bodenständigkeit der wenigen anderen. Heute weiß ich, in den sogenannten spirituellen Kreisen geht es ebenso zu, nur unübersichtlicher. Also, Augen und Herz auf und Kopf an!

Kennen Sie die Szene des Monty-Python-Films „Das Leben des Bryan", in dem besagter Bryan auf der Flucht vor seinen Jüngern eine linke Sandale verliert? Das Volk zieht sich scharenweise begeistert die linken Schuhe aus und rennt dem Messias wider Willen hinkend nach: „Er gibt uns ein Zeichen!"

Jeder Schüler findet seinen Lehrer. Und manchmal ist es nicht einfach nur komisch. Es gibt eine Menge Selbstüberschätzer, Blender und gutmeinende Fantasten da draußen – und es gibt eine Menge wirklich guter Tiertelepathen. Ich wünsche mir, dass die Lektüre dieses Buches Ihnen die Orientierung ein wenig erleichtern wird. Sie erhalten hier nicht nur eine Schritt-für-Schritt-Anleitung zum Freilegen Ihrer eigenen telepathischen Energien. Sie erhalten auch allerlei Einblicke in das Seelenleben von Katzen, die manchen von uns vielleicht in Staunen versetzen werden. Doch bei allem Respekt: Eine Katze ist eine Katze – und will als solche behandelt werden. Sie ist kein besserer oder schlechterer „Mensch". Sie ist kein Engel und kein Teufel und zieht einen angenehm gefüllten Futternapf sicherlich einem Tempel vor.

Wir erfahren durch Gespräche mit Katzen (und allen anderen Tieren) auch immer wieder viel über uns selbst. Eine Katze möchte ein artgerechtes Dasein, unseren vermeintlichen Beschützerinstinkten oder unserem Eigennutz zum Trotz. Manchmal erfahren wir in Kommunikationen auch unbequeme Wahrheiten, bei denen es lohnenswert ist, sich mit ihnen auseinanderzusetzen. Auch Katzen spiegeln ihre Menschen, und wie!

Dennoch: Nach meinem Dafürhalten rangiert der sogenannte sechste Sinn auch deswegen an sechster Stelle, weil die anderen fünf (Sehen, Hören, Riechen, Schmecken, Fühlen) zumindest in unserer Welt eine Nuance wichtiger sind. Aber dazu kommen wir später noch.

Alle sechs Sinne zusammengenommen ergeben für mich ein rundes, ein ganzheitliches Bild. Ich stelle mir das mit der Telepathie vor wie mit einem Luftballon: Fünf Sinne sind die Hülle, der sechste ist die Luft im Inneren. Verstand, also Erdung, ist wie der Mensch am Band, das diesen Luftballon festhält. Wenn jedoch zu viel Gas hineingeblasen wird, wenn der Ballon zu groß wird, hebt der Mensch ab und verliert seine Bodenhaftung. Und was hält ihn am Boden? Skepsis! Genau hinschauen, Verstand und Erdung – genau, das hatten wir bereits.

Telepathie, also die Fähigkeit, uns über das sogenannte Dritte Auge oder Stirnchakra mitzuteilen, ist uns allen angeboren, das wiederhole ich gern noch einmal. Wir bekommen dieses Talent mit in die Wiege gelegt, nur leider ist es in unserem Kulturkreis eher modern, schon frühzeitig mit dem Handy zu telefonieren, statt unser telepathisches Vermögen zu schulen. Denn es will ja gefördert werden. Wir müssen nur offen sein. Offen für die Vorstellung, dass „es" geht. Trainieren Sie also Ihren sechsten Sinn! Erleben Sie die Möglichkeit, sich noch besser mit Ihren Tieren zu verständigen. Erfahren Sie, was es heißt, die Welt der Katze aus der Sicht der Katze zu sehen, zu fühlen, zu riechen, zu tasten und zu schmecken. Entdecken Sie die Möglichkeit, auf dem direktesten aller Wege herauszufinden, wonach Ihrem Stubentiger der Sinn steht, was die Mieze möchte, was der Samtpfotenträger braucht, um glücklich und gesund bei Ihnen zu weilen. Und auch, wo die Grenzen einer solchen Tierkommunikation liegen.

Willkommen auf einer spannenden Lesereise – zu Ihrer Katze – und zu sich selbst!

Habe ich etwas vergessen, Onkelchen?

„Ein Vorwort für dein Buch von Katzen selbst? Das ist eine schöne Idee. Natürlich bin ich dabei, ich habe viel zu sagen, über die Farben zum Beispiel.

Jeder färbt seine Dialoge ein, das wissen wir ja. Das meiste in deinem Buch wird eingefärbt und gelenkt sein durch das, was wir dir und euch allen mitzugeben versuchen. Du nimmst es auf mit offenem Herzen.

Katzenleben sind so: Wir lehren euch Menschen, das zu akzeptieren und anzunehmen, wirklich vom geöffneten Herzen her. Ihr seht an uns schneller, wie die Zeit fließt. Wir sind jung und gerade noch Welpen gewesen, nun sind wir schon erwachsen. Und wieder einen Augenblick schneller sind wir alt. Werden wunderlich, ganz so wie ihr Menschen. Wir schulen euch in Geduld und in Lebensweisheit. Von Katzen könnt ihr keinen Stress lernen, wohl aber, wie man ihm entgeht. Gähnen und sich strecken. Sich strecken und sich schütteln hilft viel.

Wir sind Besucher auf Zeit. Wir schlafen viel, aber im Schlaf erledigen wir das meiste: Wir geben Informationen weiter, wir verarbeiten und wir verdauen. Wir können so am besten mit all den Energien klarkommen und davon abgeben, was uns nicht guttut. Wir kompensieren und heilen, schnurrend und im Schlaf. Wisst ihr eigentlich, wie anstrengend es sein kann mit euch Menschen? Aber wir tun es gern. Besonders mit Kranken und Allergikern. Natürlich gibt es auch kratzbürstige Exemplare von uns, die sich verweigern. Die letztlich auch wieder nur einen Liebesdienst damit erweisen, dass sie sagen: ‚Kümmere dich um deine Krankheit, kümmere dich um dein Sein, schiebe das nicht auf mich. Mach es selbst. Übernimm Verantwortung.' Das alles wirst du sagen. Und sie werden es lesen. Das ist schön. Danke."

Karin Müller und Kater Onkelchen

Burgwedel, im Sommer 2008

Wo Telepathie, Intuition und Empathie zuhause sind

Na, jetzt haben wir Sie ganz schön ins kalte Wasser geworfen. Zwei Vorworte und in beiden kommen gleich Katzen zu Wort. Zu Wort? Ja, können wir die denn sprechen hören? Stimmen hören? Ist das nicht ein Fall für die Psychiatrie? Wie geht das denn? Und wo kommen wir hin, wenn das alle machen? Und das soll kein Hokuspokus sein? Alarm! ... Wir schalten einen Gang zurück und fangen ganz von vorn an. Bei der Begriffsklärung dessen, was wir tun. Und dass es wirklich ganz normal ist. Und harmlos.

Die erste Station unserer Reise führt in unser Herz, dann geht es erst weiter in den Bauch, und dann folgt der Kopf.

Ins Herz? Mitten ins Herz, genau! Dorthin, wo Ihre Katze Sie berührt.

Ganz eng verwandt mit der Telepathie ist nämlich die **Empathie**, das Einfühlungsvermögen, unser Mitgefühl. Wenn ich für jemanden etwas empfinde, wenn ich mitfühle, dann schlägt mein Herz ganz doll. Also wo anders sollte die Empathie sitzen als im Herzen? Ich muss offen sein für mein Gegenüber, ob Mensch oder Tier, sonst kann ich mich nicht einfühlen, einstimmen, kommunizieren. Trotzdem ist Empathie nicht gleichzusetzen mit der Telepathie – sie ist eine Voraussetzung dafür.

Manche „Schulen" in der Tierkommunikation sprechen von einer Verbindung über das Herz oder sogar über den Solarplexus. Nach meiner Erfahrung ist das Herz sicher immer miteingebunden. Siehe oben: Wenn ich kein ehrliches Interesse am Tier, an seinem

Schicksal und Befinden habe, dann wird ein Kontakt wohl kaum zustande kommen.

Der Sitz unseres telepathischen Vermögens – rein gehirngeografisch – ist und bleibt allerdings der Kopf.

Die andere Schwester der Telepathie, die übrigens oft mit ihr verwechselt wird, ist die **Intuition**. Sie wohnt im Bauch – das Bauchgefühl, genau. Der Unterschied zur Telepathie? Ganz klar: Zur Intuition brauche ich kein Gegenüber, da kommuniziere ich quasi intern. Standleitung vom Kopf in den Bauch. Wenn mein Bauch mir etwas sagt, schöpfe ich aus Eigenem – aus Körperwissen, aus geistigem oder seelischem Erfahrungsgut oder aus mir als Teil eines Ganzen.

Einen Kontakt zu einem höchst lebendigen „Gesprächspartner" habe ich einzig bei der **Telepathie**. Das Wort Telepathie kommt ursprünglich aus dem Griechischen und ist zusammengesetzt aus *Tele* für *Entfernung* (wie in Telefon oder Television – fernhören, fernsehen) und *Pathos* für *Gefühl*.

Wie kommt es dann aber zu der gemeinläufigen Definition von Telepathie als Übertragung von Gedanken und nicht Gefühlen? Flapsig erklärt war dem antiken Griechen an sich (Achtung: Klischee!) sein Pathos vielleicht etwas mehr als uns heute das „Gefühlsding". Im Pathos steckt all das mit drin, was wir denken und fühlen und was uns so umtreibt.

Genauer betrachtet ist es sicher auch richtig, dass die meisten von uns telepathische Erfahrungen „spontan" am ehesten im Gefühlsbereich wahrnehmen. Und wenn wir *Pathos* dann statt mit *Gefühl* mit *Empfindung/Empfänglichkeit* übersetzen, wird es richtig stimmig.

Kurz: Auf dem Kommunikationsweg des Sechsten Sinnes ist an Übertragung alles möglich, was wir uns (mit den übrigen Sinnen) vorstellen können: Gefühl/Körperwahrnehmung, Geruch, Geschmack, Sehen und Hören.

Meine Lieblingsdefinition für Telepathie
„Eine Kommunikationsform zwischen den Seelensystemen zweier Individuen ohne Zuhilfenahme der übrigen fünf Sinne."

Kurserfahrungen I – Erste Eindrücke

„Ich hatte ein lustiges Erlebnis mit einer Rückmeldung, die ich Dir nicht vorenthalten möchte: Ich mache ein Protokoll mit einer Stute. Fünf Seiten Fragen von der Besitzerin (seufz, sehr anstrengend), ich schreibe auf Schmierzettel, jeweils nach einer Seite höre ich auf und trage das Ganze in Reinschrift direkt unter den Fragen ein. Ich kenne das Pferd nicht, die Besitzerin nur flüchtig.

Frage: ‚Was hältst du von Marlies?' Antwort von Jessy: ‚Das ist meine Futterfrau, ich freu mich immer sehr, wenn sie kommt.'

Beim Reinschreiben denk ich, na hoffentlich ist das richtig. Am Montag danach frage ich die Besitzerin, die sagt: ‚Natürlich stimmt das! Meine Jessy lügt doch nicht!'

Vielleicht wäre noch zu erwähnen, dass ich seit genau einem Monat übe (mit Katzen, Hunden, Pferden, Vögeln, Kaninchen und sogar mit einer Biene), ein Kontakt fällt mir immer leichter und ich schreibe wie in Trance mit, deshalb auch das sofortige Reinschreiben, sonst kann ich meine eigene Schrift nicht mehr lesen."

Annemarie Gugg, Gleisdorf (Österreich)

„Bei meinem Spaziergang mit Flocky treffe ich einen Mann, der verzweifelt unter dem Fahrersitz seines Autos herumstochert. Er wollte sich beeilen, um seine kleine Tochter in den Kindergarten zu bringen. ‚Können Sie Blindschleichen mit der bloßen Hand anfassen?' fragt er mich. Er könne mit dem Gedanken an eine solche unter dem Fahrersitz nicht ruhig Auto fahren. Ich habe noch nie eine Blindschleiche berührt, aber versuchen kann ich es ja mal. Da das Tier „Schleiche" heißt, ging ich davon aus, dass ich sie nur in Ruhe am Schwanz zu fassen bräuchte und *ins Gras zu setzen. Die war aber so verdammt schnell und hat sich irgendwohin versteckt, wo wir sie auch nach minutenlangem Suchen nicht gefunden haben.*

Also habe ich Verbindung aufgebaut und laut gesagt: ‚Hallo Blindschleiche! Ich schlage einen Deal vor: Du kommst raus, ich bringe dich ins Gras und dann sind alle glücklich. Dir wird es besser gehen als hier im Auto und der Herr kann endlich seine Tochter in den Kindergarten fahren!'

Ob du es glaubst, oder nicht: Die Blindschleiche ringelte sich unter dem Sitz hervor, wartete ab, ließ sich von mir ohne Probleme packen und ins Grüne tragen. Daraufhin sagte die Kleine auf dem Rücksitz: ‚Ja, hat sie das denn jetzt gehört? Haben Blindschleichen etwa Ohren?' Da ich vergessen hatte, die Letztere zu fragen, könntest du das mal für mich herausfinden? ...

Tja und als Empfänger arbeite ich hauptsächlich mit meiner Flocky, aber hast du gewusst, dass das auch mit Blumen geht? Nach unserem Umzug war ich im Garten dabei, meine Pflanzen umzutopfen. Plötzlich bekam ich so eine Art Nachricht: ‚Ich will aber auch einen Topf aus Ton und nicht so ein Plastikdings!' Und tatsächlich: Die Blume, die die Nachricht übertragen hatte, habe ich bereits vor einiger Zeit gekauft und dabei nicht auf den Topf geachtet: ein tonfarbener Plastiktopf. Und solche Sachen passieren mir immer häufiger ... Fehlt mir nur noch ein Besen, um bei Vollmond fliegen zu können! Liebe Grüße aus der sonnigen Schweiz und bis bald!"

Annette Ruffieux, Gletterens (Schweiz)

Was ist Telepathie? Wo sitzt sie?

Im Kopf, das habe ich bereits erwähnt. Und wo genau da? In Epiphyse (Zirbeldrüse) und Hypophyse (Hirnanhangdrüse), so lautet der derzeitige Stand des Wissens.

Die Hypophyse, eine Hormondrüse, sitzt auf Höhe der Nasenwurzel mitten im Kopf, auf dem „Türkensattel", einem Knochenteil der Schädelbasis. Sie scheint die telepathische Empfangsstation zu sein.

Die Epiphyse ist offenbar so etwas wie unser telepathischer Sender. Auch sie ist für Hormone zuständig, für Melatonin und Serotonin, und sie liegt ganz in der Nähe der Hypophyse.

Wussten Sie, dass der Begriff „Drittes Auge" auch rein wissenschaftlich betrachtet durchaus seine Berechtigung hat? Die Zirbeldrüse reagiert nämlich tatsächlich lichtempfindlich, ja, sie besteht sogar aus augenähnlichem Gewebe. Mittlerweile ist sie bei uns „modernen" Menschen zwar nur noch drei bis acht Millimeter groß, aber unsere frühgeschichtlichen Vorgänger haben es tatsächlich auf etwa Augengröße gebracht: auf stattliche zwei bis drei Zentimeter.

Per EEG (Hirnstrommessung) wurde nachgewiesen, dass Zirbeldrüse und Hirnanhangdrüse dann aktiviert sind, wenn wir uns in uns selbst versenken, wenn wir in Trance sind, in Meditation, beim Yoga oder Qi Gong Phasen tiefer Entspannung erreichen – oder wenn wir telepathisch aktiv werden. Auf einer ähnlichen Bewusstseinsebene befinden wir uns, kurz bevor wir einschlafen oder kurz nach dem Aufwachen. Elektromagnetisch betrachtet schwingen unsere Gehirnströme dann zwischen Alpha und Theta, also mit Frequenzen zwischen vier und zwölf Hertz. Bei zu viel Theta geht die Entspannung in Schlaf über und es werden sogar Endorphine ausgeschüttet.

Und da wir alle schlafen können, sind wir folglich auch alle in der Lage, unsere angeborenen Telepathiefertigkeiten wachzukitzeln.

So erklärt sich auch Folgendes: Wenn wir uns unter Druck setzen, wenn wir angespannt sind, aufgeregt, nervös oder sonstwie gestresst, wird es kaum funktionieren. Wir müssen „runterfahren", um telepathisch aktiv sein zu können. Daher haben so viele Menschen Erlebnisse dieser Art im Zustand vor dem Einschlafen oder nach dem Aufwachen, mitten in der Nacht, oder wenn sie an etwas ganz anderes, Entspannendes, denken. In meinen Seminaren machen Teilnehmer während der Übungen immer wieder die Erfahrung von unwillkürlich flackernden Augenlidern, wie wir sie sonst aus der Traumphase als REM (*rapid eye movements*, also schnelle Augenbewegungen) kennen.

Es gilt also, unsere unbewusst prima funktionierende Telepathie bewusst einzusetzen, sie an- und ausschalten zu können. Jede und jeder kann mit Tieren sprechen! Und zuhören lernen, was ich noch viel wichtiger finde. Auch Sie können mit Ihrer Katze kommunizieren und wahrscheinlich tun Sie das auch schon ganz lange, nur eben unbewusst!

Und so funktioniert die Kommunikation

Auf der Suche nach wissenschaftlichen Erklärungen gerät man schnell in das weite Feld der Quantenphysik. Längst wissen wir, dass selbst ein Atom kein festes Minikörnchen ist, sondern seinerseits wieder verschiedene Bestandteile hat, die sich ständig bewegen, kreisen, schwingen. Letztlich besteht alles, auch alle Materie aus Schwingung, aus Energie, wir sind von schwingenden Energiefeldern umgeben.

Wenn wir uns also vom mechanistischen Weltbild des siebzehnten Jahrhunderts lösen (das auch heute noch weite Teile von Medizin und Wissenschaft prägt) und damit von der Auffassung, dass Physik und Chemie alles erklären können – dann stehen wir ruckzuck außerhalb der etablierten, wenn auch etwas antiquierten Naturwissenschaft.

Wir finden uns wieder bei Aussagen wie: Das Ganze ist mehr als die Summe seiner Teile. Den Satz haben Sie sicher schon gehört. Aber was sagt er aus? Physikalisch-chemisch betrachtet ist ein Buch eine gewisse Papiermenge, die mit einer gewissen Menge

Tinte oder Druckerschwärze in einer gewissen Menge unterschiedlicher Buchstaben behaftet ist. Der Inhalt, die Energie, das, was die Zeilen und Seiten voller Worte bedeuten – die Gefühle, die sie womöglich erzeugen, haben im mechanistischen Weltbild keinen Platz.

Platt gesagt: Solange man den Löffel noch nicht erfunden hat, macht man es sich einfach und sagt, dass Suppe nicht essbar ist.

Rupert Sheldrake, englischer Verhaltensbiologe und *énfant terrible* der modernen Wissenschaft, schreibt in der Einleitung zu seinem Buch „Sieben Experimente, die die Welt verändern könnten", dass Biologen *„wenig oder nichts von Quantenmechanik und anderen Neuerungen der modernen Physik (wissen). Nach wie vor setzen sie alles auf die Hoffnung, die Phänomene des Lebens auf Prinzipien der Physik zurückführen zu können, aber sie haben dabei eine obsolete Physik im Auge, und die Physik selbst ist längst woanders. Durch diesen ideologischen Hintergrund lässt sich verstehen, weshalb die außergewöhnlichen Kräfte von Tieren bisher von den Berufswissenschaftlern vernachlässigt wurden und fundamentale Fragen infolgedessen offen blieben."*

Spannenderweise gibt es ein ziemliches Missverhältnis in der wissenschaftlichen Forschung, was Haustiere und beispielsweise Fernsehgeräte angeht, weiß Sheldrake weiter zu berichten. In den USA gibt es in etwa ebenso viele Hunde und Katzen wie Fernseher. Und raten Sie, was besser erforscht ist? James Serpell, Verhaltensforscher an der Universität von Cambridge, ist einem Tabu auf die Spur gekommen. Er fand bei seinen Recherchen in den Siebziger und Achtzigerjahren kaum eine einzige Studie über die Bedeutung von Haustieren. Seine Analyse ist für manche vielleicht erschreckend. Sheldrake über Serpell: *„Er verdeutlicht den Zusammenhang dieses Tabus mit einer tiefen Kluft in unserer Haltung gegenüber den Haustieren im engeren Sinne einerseits und den sogenannten Nutztieren andererseits. (...) Ein furchtbarer Konflikt entsteht, sobald man ausgebeuteten Tieren einen eigenen Wert zuerkennt. Deshalb teilen wir die privi-*

legierten und die ausgebeuteten Tiere lieber in zwei strikt getrennte Kategorien ein: Die eine verzehrt Haustierfutter, die andere wird dazu verarbeitet. Aber sobald Gefühle in den Nutztierbereich einsickern, bekommt man Schwierigkeiten. Dann werden die Leute zu Vegetariern oder sogar zu Kämpfern für die Rechte der Tiere. Die einfachste Lösung besteht darin, die Beziehungen der Menschen zu ihren Haustieren zu diffamieren."

Kein Wunder also, dass erst recht die Forschung von Telepathie mit Tieren noch in den Kinderschuhen steckt. Und wie schön, dass sich allen Unkenrufen zum Trotz immer mehr Interesse an diesem Thema entwickelt.

Zurück also zu dem, was wissenschaftlich erwiesen ist. Die alten Inder bezeichneten schon vor etwa 4.000 Jahren den Ort der Telepathie in unserem Kopf als „Drittes Auge". Genau dort finden Gehirnchirurgen nun also Epiphyse und Hypophyse, jene Drüsen, die aktiv werden, wenn wir Gedanken senden oder empfangen.

Seit den Anfängen der Quantenphysik weiß man, dass letztlich alles mit allem in Verbindung steht. Wir wissen, dass Körperzellen ebenso wie Wassermoleküle Erinnerungen, Informationen speichern. Wir wissen, dass wir von Wellen und Strahlung umgeben sind. Mikrowellen, Röntgenstrahlen, Erdstrahlen, Elektrosmog ... Alles ist Schwingung. Und auch Menschen und Tiere schwingen miteinander, schwingen sich aufeinander ein. Alles ist Information. Alles ist Schwingung. Diese Beziehungs-Schwingungs-Geflechte nennt Rupert Sheldrake morphische oder morphogenetische Felder. C.G. Jung sprach von einem kollektiven Unterbewussten, einem energetischen Schwingungsfeld, das letztlich alle Informationen allen Seins enthält.

Ein Beispiel hierfür sind Berichte von Verhaltensforschern über das „Phänomen des hundertsten Affen": Zeitgleich begannen auf verschiedenen Inselgruppen Affenhorden, Kartoffeln zu waschen. Sie standen miteinander in keiner sichtbaren oder hörbaren Verbindung. Zufall? Manche Verhaltensforscher sagen: Nein. Sie erklären das Phänomen mit einer überschrittenen „kritischen Masse". Wenn genug Energie (in diesem Fall das Wissen, dass und wie man Kartoffeln wäscht) vorhanden ist, läuft das Fass über, schwappt über den Rand und das Wissen breitet sich aus. Ähnliche Phänomene kennen wir durch Doppelblindstudien im medizinisch-wissenschaftlichen Bereich. Auch „gute Gedanken" können eine kritische Masse erreichen. Wenn genügend Menschen gemeinsam meditieren oder beten, erreichen sie etwas, bringen sie tatsächlich messbar etwas in Bewegung: Für eine Gruppe von Herzpatienten in einem kalifornischen Krankenhaus ließ der Arzt Randolph Bird beten. Konfessionsübergreifend übermittelte er Priestern und Glaubensvertretern unterschiedlicher Religionen eine Namensliste. Die andere Hälfte von Patienten wurde ohne Gebete weiterbehandelt. Wer zu welcher Gruppe gehörte, wusste niemand von den Herzkranken. Der Erfolg jedoch spricht Bände: Auf den Einsatz von Antibiotika und künstlicher Beatmung konnte in der Gebetsgruppe weitestgehend verzichtet werden. In der Kontrollgruppe war die Apparatemedizin überlebensnotwendig (vgl. Bild der Wissenschaft, Ausgabe Nr. 6/1994). Berichte von ähnlichen Phänomenen lassen sich vielfach zusammentragen. Vielleicht haben Sie auch Lust auf ein eigenes, kleines Experiment? Kaufen Sie sich zwei Primeln. Beide gießen und pflegen sie gleichermaßen und stellen sie nebeneinander an einen schönen Platz. Einer Blume schicken Sie aber zudem noch liebevolle Gedanken. Loben und wertschätzen Sie die Pflanze, sagen Sie ihr, wie toll Sie sie finden. Die andere Blume bekommt nur das Übliche. Und dann beobachten Sie mal, welche Primel in vier Wochen besser aussieht!

Gedanken wirken!

In der alternativen Medizin und Psychotherapie boomen Ansätze, die rein mit Schwingungen arbeiten. Bioresonanz, Bodytalk, Kinesiologie, Körbler, Radiästhesie, Radionik und wie sie alle heißen. Dann noch all die Literatur und Seminare, die sich mit dem Resonanzprinzip beschäftigen, „The Secret", LOA, Bestellungen beim Universum und „richtig" wünschen: Alle diese Methoden und Ansätze basieren auf dem Wissen, dass letztlich alles mit allem durch Energie in Verbindung zueinander steht. Dass es eine Anziehungskraft gibt, Möglichkeiten in jedem von uns, Ereignisse zu beeinflussen. Vom freien Parkplatz bis zur Schuldenfreiheit. Es kommt auf unseren Fokus an. Denn schon durch die Beobachtung wird das zu Beobachtende beeinflusst. Die Heisenbergsche Unschärferelation des Nobelpreisträgers Werner Heisenberg besagt, dass man das System verändert, wann immer man sich mit einem System in Beziehung setzt. Man kann nicht gleichzeitig zwei Messgrößen ein und desselben Teilchens genau bestimmen, weil durch das Messen des einen eine Veränderung passiert.

Ein anderer deutscher Physiker, Burkard Heim, definierte neben den uns bekannten drei oder vier Dimensionen noch acht weitere. Neben den Dimensionen von Zeit, Raum, Energie und Materie sprach er u.a. von einem Informationsraum und noch darüberliegend einem weiteren Überraum. Er beschäftigte sich mit den Elementarteilchen und der Suche nach der Weltformel. Eine *einheitliche Feldtheorie* sollte die Zusammenhänge zwischen allen Wechselwirkungen und die Eigenschaften (Spin, Masse, Ladung) der Elementarteilchen erklären.

Und neben den Errungenschaften der Quantenphysik müssen sich auch die Neurologen nicht verstecken. Ihre Entdeckung der Spiegelneurone machte uns aus wissenschaftlicher Sicht das Verstehen der Empathie erst möglich. In der Neurobiologie hat man erkannt, dass unser Gehirn wie ein soziales System funktioniert. Je nachdem, *wie* wir denken, bauen wir selbst unsere Synapsen von Trampelpfaden zu Autobahnen aus. Das Gehirn ist lebenslang entwicklungsfähig. Wenden wir Bereiche in unseren grauen Zellen jedoch länger nicht an, lassen wir die bereits befahrenen Autobahnen wieder brach liegen, es wächst quasi Gras darüber – und die gebildeten Synapsen verkümmern wieder. Hirnforscher wie Gerald Hüther oder Joachim Bauer schlagen in diesem Bereich der Neurobiologie mächtige Brücken zwischen Naturwissenschaft und geisteswissenschaftlichen Weltbildern.

Auf den Fall der Tierkommunikation übertragen bedeutet das: Üben, üben, üben, und wir werden immer besser auf dem Kommunikationsweg der Telepathie. Meine Katze Feechen sagt dazu ganz pragmatisch: *„Lernt es einfach. Entdeckt es wieder, in euch. Schwingt. Fühlt. Atmet. Es ist einfach und wir unterstützen euch. Ihr seid oft so schrecklich fixiert auf Gedanken und Worte, die euch Dinge erklären sollen, die so einfach sind wie sich kratzen. Dabei vergesst ihr zu fühlen, was euch guttut und Spaß macht. Lebt!"*

Währenddessen sitzt sie auf meinem Schreibtisch, mitten in den Unterlagen, putzt sich und lauscht nach innen ... und geht dann plötzlich, quasi direkt „nach Diktat verreist".

Quod erat demonstrandum – was zu beweisen war, haben wir im Mathematikunterricht in der Schule immer unter die Aufgaben geschrieben. Am Ergebnis hat das freilich nichts geändert. Ich habe nicht das Bedürfnis, irgendjemandem irgendetwas beweisen zu wollen, das dürfen andere übernehmen. Woran man glaubt, was man an Erfahrungen und Wissen in seinen Lebensrucksack packt, bleibt jedem selbst überlassen. Ebenso, was man aus dem Rucksack wieder herausholt, um es sich noch einmal anzusehen, oder von welchen überholten Glaubensmustern man sich vielleicht trennt. Ist das nicht spannend?

Für mich ist immer wieder spannend, wie – langsam, aber stetig – die modernen Wissenschaften Erkenntnisse bestätigen, die alte Hochkulturen wie China (TCM, traditionelle chinesische Medizin) oder Indien (Chakralehre) auf ihre Weise schon vor Jahrtausenden lebten. So schließen sich Kreise. Und daran freue ich mich. Denn es kann nur befruchtend sein, neue (alte?) Sichtweisen zuzulassen und gegebenenfalls neu hinzuschauen.

Telepathie ist kein Hokuspokus und auch keine Erfindung von Science-Fiction-Autoren in Hollywood. Sie wird nicht eingeläutet von Glocken, Pauken und Trompeten und sie wird auch nicht von Fanfaren oder Feuerwerk begleitet. Schade? Naja, aber auch gut so. Telepathie ist unser sechster Sinn. Nicht mehr und nicht weniger. Sie ist uns ebenso angeboren wie die übrigen fünf Sinne. Sie ist kein Allheilmittel und kein Ersatz für die anderen Sinne. Sie ist eine Ergänzung. Telepathie ist schlicht ein weiteres Werkzeug der Kommunikation. Ein wichtiges Werkzeug ist sie vor allem dann, wenn wir mit den übrigen fünf Sinnen nicht weiterkommen. Und: Wir sollten unser Verständnis von Telepathie im Kontext unserer Zeit und unserer Kultur betrachten.

Gehen wir ins Outback nach Australien oder in die Dschungel des Amazonas, so treffen wir dort auf ein ganz anderes Verständnis für und von Telepathie. Dort gehört sie heute noch selbstverständlich zum Alltag. Was Wunder, dort gibt es keine Mobiltelefone, die Telepathie so gut wie überflüssig machen. Umgekehrt würden *wir* mit Argusaugen betrachtet oder als schwerer Fall für den Medizinmann eingestuft, sollten wir einem Eingeborenen unser Handy unter die Nase halten und behaupten, durch diesen kleinen silbrigen Kasten könnte er per Knopfdruck die Stimme eines kilometerweit entfernten Bekannten hören – und das sei ganz normal.

In Island gibt es eine staatliche Feenbeauftragte, die vor öffentlichen Bauvorhaben zu Rate gezogen wird.

Normal bedeutet doch nur: Der Norm entsprechend – und das ist abhängig vom Kontext. Gehen wir zurück in unserer eigenen Zeitgeschichte, so landen wir bei gewissen Scheiterhaufen. Auf diesen haben wir im Namen der Kirche und ihrer Vertreter so viel altes Wissen, so viele Begabungen verbrannt. Wir glaubten auch einmal, dass die Erde eine Scheibe sei (und wehe wenn nicht!) und noch im 18. Jahrhundert passte es nicht ins Weltbild, dass es im Universum Steine gibt. Meteoriten beispielsweise erklärten damals renommierte Gelehrte damit, dass irgendein Wackerstein vom Blitz getroffen und durch die Luft geschossen worden sei. Es dauerte bis in die Neunzigerjahre des 20. Jahrhunderts, bis der Vatikan Charles Darwin und seine Evolutionstheorie anerkannte – und die ist nach Ansicht der neuen Biologie und dem Wissen, wie Erfahrungen unsere Gene steuern, auch schon fast überholt.

Also: Was ist normal? Schlicht all das, was unseren Normen, dem Verständnis von etwa fünfzig Prozent der Bevölkerung von Normalität entspricht. Oh, und das haben wir, auf die Telepathie bezogen allemal: Nach Ergebnissen empirischer Forschung von Rupert Sheldrake glauben etwa zweiundfünfzig Prozent der Deutschen daran, mit ihrem Haustier eine telepathische Verbindung zu haben.

Gewöhnen wir uns daran: Aus Perspektive unserer Tiere sitzen wir quasi im „Big Brother"-Käfig. Sie haben eine Art Standleitung zu uns, die sie aktivieren oder deaktivieren können, wobei wir ständig auf „Stand-By" sind und nicht damit rechnen, belauscht zu werden. Natürlich haben sie meistens wirklich Besseres zu tun. Aber Erlebnisse wie das von Katja Kohlhaase und ihrer Cindy kommen Ihnen vielleicht bekannt vor:

„Cindy ist eine schon sehr betagte, wundervolle Katzendame. Aufgrund ihres hohen Alters hat sie nur noch wenige Zähne, ist aber ansonsten putzmunter. Eines späten Abends knickte einer ihrer Reißzähne um. Cindy fraß daraufhin auch immer nur ein wenig und ließ dann wieder vom Futter ab. Ich kam mit der Tierärztin überein, dass Cindy wohl nicht über Nacht in der Klinik bleiben müsse, ich aber gleich am nächsten Morgen kommen sollte.

Für den Fall, dass sie zwecks Zahnentfernung eine Narkose benötigen würde, sollte sie nüchtern kommen. Ich versicherte der Tierärztin, dass ich das Futter sofort entfernen würde. In genau dem Moment stürzte Cindy sich auf den Futternapf und fraß, soviel sie nur konnte.

Und dabei ist sie fast taub. Eine Narkose benötigte sie dann doch nicht. Der Zahn hing nur noch an einem Faden und konnte problemlos gezogen werden, wobei Cindy sehr, sehr tapfer war."

Der Begriff „außersinnliche Wahrnehmung" macht keinen Sinn für mich. Denn Telepathie ist durchaus sinnlich und findet auch nicht außerhalb von uns statt. Sie geht allenfalls über die übrigen fünf Sinne hinaus. Tierkommunikation hat nichts mit „übernatürlich" im Sinne von Gespenstern oder Spökenkram zu tun, allein schon, weil körperlich lokalisierbar. Sie ist allenfalls „übernatürlich" im Sinne von außerhalb dessen, was die alteingesessene Naturwissenschaft lange Zeit als „natürlich" einstufte. Doch wie Mathias Bröckers in „Das sogenannte Übernatürliche" so schön schreibt: *„Übernatürliches anzunehmen, heißt nicht, sich von der Vernunft zu verabschieden, sondern sie auf neuem Niveau zu etablieren. Es heißt auch nicht, sich von der Wissenschaft zu verabschieden und der Irrationalität und dem Aberglauben anheimzufallen, sondern neu zu definieren, was Wissenschaft und Religion in einem nichtlokalen, beobachtergeschaffenen Universum bedeuten."*

Manchen macht es vielleicht Angst, dass wir so wenig wissen, und was noch alles möglich sein kann. Die Tür davor zuzuschlagen erinnert mich an das kindliche Verhalten, die Augen zu verschließen, in der Annahme, dass man dann selbst nicht gesehen wird. Es ist ein Weg, okay. Und er funktioniert solange, bis man angestupst wird vom Leben.

Zugegeben: Manches von dem, was ich in den letzten zehn Jahren gehört, gesehen und erfahren habe, hätte ich einige Zeit früher sicher als Kapitän Blaubärs Seemannsgarn abgeschoben. Das Leben hat mich gelehrt, dass tatsächlich viel mehr um uns herum geschieht – zwischen Himmel und Erde und all den Dimensionen, die da noch sein mögen – viel mehr als das, was die viel zitierte Schulweisheit uns träumen lässt.

Ich schließe mich einem weisen Menschen an, der einmal gesagt hat: „Es gibt so vieles, was ich nicht verstehe, da kommt es auf ein bisschen mehr oder weniger auch nicht mehr an." Und es macht Spaß, sich darauf einzulassen! Haben Sie Lust? Nur mal reinschnuppern, ausprobieren, mitmachen, selbst entdecken und erfahren!

Louis und Nadine

Louis ist ein Kater und knapp zwei Jahre alt

Protokoll vom 30. Dezember 2006

„Ich verändere mich einfach, das ist das Leben. Was soll's. Was wollen sie von mir? Ich bin ein Kater, ich liebe meine Freiheit, ich möchte nicht behandelt werden. Ich lebe. Ich komme, ich gehe. Ich bin nicht gefeit gegen alles, was um uns herum ist, das müssen sie wissen. Ich bin ein Jäger und ein Prinz. Mich schmerzt und drückt etwas am Unterbauch. (Ich bekomme ein Bild, wie wenn ihn jemand untersucht und dazu mit der Hand in seinen Bauch drückt und „greift".)

Frauchen macht sich so viele Sorgen, ich brauche nur einfach ein wenig Abstand. Ich möchte mich zurückziehen und kann nicht. Möchte raus und bin gefangen. Bin draußen und fühle mich dort auch fremd. Ich bin unzufrieden mit mir selbst. Es ist eine Phase, ein Zyklus, ein Neubeginn. Etwas zeichnet sich ab. Manchmal sehe ich Ahnungen von der Zukunft. Ich ziehe mich einfach nur ein wenig zurück, es wird auch wieder anders und besser werden. Ich verstoße gegen Regeln, ich weiß. Sie verstoßen gegen Regeln, aber das bemerkt niemand. Unser Haus ist nicht ganz in Ordnung, da baut sich etwas auf. Wie Spannung, elektrische, geladen, trockener Spannungszustand, aufgeladen. Gefällt mir nicht.

Aber mir geht es gut und ich will mich nicht darauf einlassen. Ich habe kein Problem. Es ist alles in Ordnung. Ich weiß nicht, was sie von mir wollen. Sie sollen sich nicht sorgen, brauche ich nicht. Ich will und kann das allein.

Ich werde erwachsen. Groß. Hätte gern ein Mädchen. Darf nicht. In meinem Kopf ist Leere und Trennungsschmerz. Abgespaltener Teil in mir. Für Frauchen stehen Veränderungen an. Das neue Jahr wird es bringen, ganz entspannt. Sie soll Vertrauen haben und wir sollen Bachblüten nehmen für die Veränderung und den nötigen Mut in die neue Lebensphase. Der andere übernimmt, weil ich genervt bin und mich zurückziehe. Mir geht es im Moment nicht so gut. Aber ich will keine Hilfe. Ich brauche nur Ruhe und vielleicht ein wenig Unterstützung, mich zu sortieren. Bin ich denn hier noch richtig am Platz? Bin ich nicht fehl? Und wo steht Frauchen? Wo lässt sie sich vertreiben? Nimm du dir deinen Platz, dann nehme ich mir meinen.“

Kommentar von Nadine

„Louis und mir ist es ganz gut ergangen, es ist viel passiert. Nach der Kommunikation stand für mich und Louis ein Umzug an und es veränderte sich sehr viel. Umzug, Auszug meines Freundes, meine Katze hat fünf Babys bekommen – aber Louis geht es in seinem neuen Revier viel besser und er strahlt wieder, der Ortswechsel war also allein wegen ihm schon sehr erfolgreich! Louis ist viel mehr drin bei mir, ist fröhlich und macht nachts sein Revier unsicher, er fühlt sich in seinem neuen Zuhause sehr wohl und ist wieder fast der alte. Dann möchte ich gerne noch dazu sagen, dass ich sehr, sehr berührt war, sogar geweint habe, als ich die Kommunikation las. Ich kann gar nicht so genau sagen warum, aber es ging mir sehr nah.“

Nadine Sass, Seefeld

Wecken Sie Ihren sechsten Sinn!

Grundvoraussetzung: Entspannung

Wenn mir Telepathie also angeboren ist, wenn das Ganze keine magische Gabe ist und auch kein seltenes göttliches Geschenk, das nur wenigen Auserwählten vorbehalten ist – wieso kann ich Telepathie dann nicht so einfach benutzen wie meine Hände oder Füße oder mein Telefon? Warum finden es meine Katzen so leicht wie kratzen und ich als Mensch mache es mir so schwer und kompliziert? Ganz einfach, weil der menschliche Kopf ein wenig komplizierter gestrickt ist als Hand und Fuß und weil wir es gar nicht mehr gewohnt sind, ihn anders als in den üblichen Bahnen einzusetzen. Also sollten wir entspannt sein, locker bleiben – das hatten wir schon. Mit Druck geht gar nichts. Je mehr wir uns anstrengen, je mehr wir wollen, uns konzentrieren und probieren, desto schwieriger wird es. Dann stehen wir uns im Weg. Also, treffen wir eine andere Wahl. Unsere telepathischen Anlagen liegen großteils brach, sind nur noch rudimentär vorhanden, weil wir sie nicht im Alltag nutzen. Trotzdem: Wir alle kennen das Gefühl, von hinten angestarrt zu werden und wir können das auch bewusst einsetzen, indem wir jemanden dazu bringen, sich nach uns umzudrehen, wenn wir ihn oder sie fixieren. Probieren Sie es aus und machen Sie die Probe aufs Exempel, nämlich dass es bei Kellnern und Tresenkräften wesentlich weniger gelingt. Die haben gelernt, sich abzuschotten und zu desensibilisieren.

Sicher wussten Sie auch schon mal, wer dran ist, bevor Sie den Telefonhörer abgenommen haben. Oder haben gar schon einmal ab-

genommen, bevor es klingelte. Oder Sie haben an jemanden ge-
dacht, der sich schon lange nicht mehr gemeldet hat, und schon er-
tönte das E-Mail-Signal für „Sie haben Post!" auf Ihrem Rechner. Da
war es gar nicht schwer, empfänglich zu sein für ein telepathisches
Signal.

Unbewusst und nicht gesteuert erleben wir Telepathie obendrein
meist in den „unmöglichsten" Augenblicken. Mitten in der Nacht,
beim Einschlafen, Aufwachen, beim Bügeln, Joggen oder Unkraut
jäten – kurz, in Momenten, wenn wir eigentlich mit etwas anderem
beschäftigt, wenn wir abgelenkt sind, wenn der Geist auf Wander-
schaft geht oder abschaltet, mal einen Moment lang innehält –
dann passiert es. Und dann nennen wir es Zufall, Geistesblitz, Idee,
Eingebung, Geniestreich – oder wir erkennen es als Telepathie.

Optimale Bedingungen für Telepathie können wir natürlich auch
mutwillig herbeiführen: Durch autogenes Training, Yoga, Meditation, durch allerlei Entspannungstechniken (oder Stall ausmisten,
bügeln, joggen ...) bringen wir unseren Geist zur Ruhe. Genauer gesagt: Den kognitiven Anteil unseres Gehirns, der rastlos denkt und
denkt und denkt und gar keinen Raum lässt für fremde Gedanken,
die vielleicht von außen hineinwollen ... Immer wieder erzählen
mir Kursteilnehmer, dass sie anfangs am liebsten tatsächlich beim
Joggen, Bügeln, Stallausmisten oder gemütlich in der Badewanne
kommuniziert haben. In der Ruhe liegt die (telepathische) Kraft.

Tipp Nummer eins:
Schaffen Sie sich eine angenehme Atmosphäre
Zwischen zwei wichtigen Telefonaten, unter Termindruck oder
wenn das Essen auf dem Herd kocht, die Kinder schreien, der Fernseher läuft und das Telefon klingelt, werden Sie kaum die nötige Ruhe finden, um telepathisch mit Ihrer Katze zu kommunizieren. Sorgen Sie für sich! Wählen Sie eine ruhige Umgebung, nehmen Sie
sich Zeit. Stimmen Sie sich ein.

Tipp Nummer zwei: Schreiben Sie alles auf

Die zweite große Hürde sitzt ebenfalls in unserem Kopf und hat die Form und Funktion einer Schere. Unser Verstand ist darauf dressiert, zu bewerten, einzuordnen, zu kategorisieren, zu katalogisieren, Schubfächer aufzumachen und wieder zu, eins und eins zusammenzuzählen und auch zu wissen (Vertrauen ist gut, Kontrolle besser), dass das Ergebnis zwei ist.

Das ist gut so, denn es hilft uns, zu überleben. Im Dschungel wie in der Großstadt. Wenn ich nicht blitzschnell kombiniere, dass das große, rasend schnell näherkommende, orangeschwarz Gestreifte mit den weißen Zähnen mich nicht freundlich anlächelt, sondern fressen will, dann habe ich keine zweite Chance. Das Gleiche gilt für das laute, stinkende Eckige, das vielleicht sogar noch schneller auf mich zurast, während ich eine breite schwarze Fläche überquere.

Beim Üben mit der Telepathie ist es jedoch wichtig, eins und eins erst mal als zwei getrennte Größen stehen zu lassen. Hier steht eine Eins und da steht eine Eins. Sie dürfen sie wertschätzen, anschauen, hinfühlen – und wertfrei bleiben, beobachtend, neutral. Bewerten können Sie hinterher. Lassen Sie zuerst einmal ungefiltert alle Informationen zu. Lassen Sie alles auf sich zukommen, damit der Gedankenstrom nicht gleich wieder abreißt. Denn das tut er, wenn wir gleichzeitig versuchen, verstandesmäßig und zielorientiert zu denken. Alles hat seine Zeit, Bewertungen, Interpretationen und Einschätzungen erledigen Sie bitte hinterher und kennzeichnen sie auch klar als solche.

Darum schreiben wir alles auf. **Alles!** Und wenn Sie noch so sehr der Meinung sind, das ist Ihre Fantasie, reine Albernheit, völliger Blödsinn, etwas, das Sie eben gesehen haben oder was Sie sowieso schon wissen, oder was wahrscheinlich alle Katzen denken ... Alles aufschreiben!

Bewerten Sie bitte erst hinterher. Das Risiko, dass wir etwas Wichtiges auslassen, weil WIR es nicht für wichtig genug erachtet haben oder falsch einordnen, ist viel zu groß. Lassen Sie (hinterher) den Katzenbesitzer entscheiden, dessen Katze Sie interviewt haben. Außerdem, je mehr Informationen Sie erhalten, desto weniger können Sie am Ende noch originalgetreu wiedergeben.

Die über Vierzigjährigen erinnern sich vielleicht noch an die Fernsehsendung „Am laufenden Band" mit Rudi Carrell. Der Gewinner durfte am Ende der Sendung alle Preise behalten, die ihm vorher auf einem Laufband präsentiert worden waren – wenn er sie sich gemerkt hatte und richtig wiedergeben konnte.

Die Schere im Kopf vergessen

Ein Aborigine sagte einmal sinngemäß, wenn wir Europäer nicht so große Angst davor hätten, uns in den Kopf hineinschauen zu lassen, würde es bei uns auch viel besser klappen mit der Telepathie. Wir sind es gewohnt, in gewisser Weise Masken zu tragen. Auch die schützen uns in unserem sozialen Umfeld, im Asphaltdschungel. Unseren Tieren können wir nichts vormachen. Und doch sitzt es als Urangst in uns, vielleicht abgelehnt zu werden, vielleicht von unserer Katze Wahrheiten um die Ohren gehauen zu bekommen, die wir doch lieber nicht hören wollen.

Aber Hand aufs Herz: Wäre Ihre Katze noch bei Ihnen, wenn Sie nicht gut zu ihr wären? Und wissen Sie nicht auch so schon irgendwo tief drinnen, wo Sie als guter Dosenöffner (aus Katzensicht) noch Optimierungspotenzial haben? Na also. Wovor haben Sie Angst?

Oh ja, Katzen wissen viel über uns. Sie könnten den lieben langen Tag in unseren Kopf hineinschauen, wenn sie es wollten. Aber glauben Sie wirklich, Ihr Stubentiger hätte nichts Besseres zu tun als Tag für Tag vierundzwanzig Stunden lang „Big Dosenöffner" im Katzen-Reality-TV zu gucken? Das Schlimmste, was Ihnen passieren kann, ist, dass Ihnen Ihre Katze einen Spiegel vorhält. Und was erblicken Sie darin? Sich selbst. Nicht mehr und nicht weniger. Und das ist eine große Chance. Ganz und gar nicht für die Katz' – sondern für uns.

Und wovor haben wir noch Bammel bei unseren ersten Telepathieversuchen? Genauso schlimm wie das „Was, wenn es stimmt?" – das ja noch andere Konsequenzen nach sich ziehen kann, z. B. ein sanftes bis mittleres Rütteln an unserem Weltbild – schlimmer noch als das, kann nur noch „Was, wenn es nicht stimmt?" sein.

Was, wenn es nicht klappt, wenn wir vom Telepathiepferd fallen, bevor wir richtig aufgesessen sind, wenn wir uns zum Gespött machen, wenn wir in all die Fallgruben rutschen, die da heißen: Das kannst du eh nicht, das lernst du nie, du spinnst doch, das ist alles Quatsch, Einbildung, Humbug, Mumpitz, jetzt drehst du wohl total durch und keiner nimmt dich mehr ernst ...

Wenn, wenn, wenn ... Wasser aufs Feuer unseres ohnehin mageren telepathischen Selbstbewusstseins. Das kennen wir doch alles irgendwie aus unserer Kindheit, oder? „Mit Tieren kann man nicht sprechen und deinen unsichtbaren Freund gibt es auch nicht, mein Kleines, ebenso wenig wie den Weihnachtsmann und den Osterhasen." „Hör auf zu träumen und lern was Anständiges." „Du hast aber wirklich eine blühende Fantasie ..." – Da klingelt was bei Ihnen? Na, wenn das keine Telepathie-Lernblockade ausgelöst hat. Macht aber nichts. Jetzt sind wir ja schon groß und ist die Gefahr erkannt, können wir sie auch bannen und uns den Stress nehmen.

Gegen die Schere im Kopf in all ihren Varianten hilft vor allem eins: Sehen Sie Ihre ersten Telepathie-Übungen wie eine Art kreativen Schreibworkshop. Notieren Sie alles, jede Kleinigkeit, jedes noch so absurde Detail. Inklusive allem, was Sie als „eigene Gedanken", „puren Blödsinn", „reine Fantasie" oder „eh ganz Offensichtliches" abhaken möchten. Später ist das noch aus einem zweiten Grund wichtig. Wenn auch anfangs vielleicht die Informationen noch eher tröpfeln: Irgendwann platzt der Knoten und dann kommen Sie kaum mit dem Schreiben nach – geschweige denn wissen Sie am Ende der Seite noch, was Sie oben aufgeschrieben haben. Wichtige Details könnten Ihnen verloren gehen. Was Sie für noch so abwegig oder unwichtig halten – lassen Sie es doch den Tierbesitzer bewerten, für den Sie mit seinem Tier kommuniziert haben. Und auch wenn es um Ihr eigenes Tier geht, manchmal erkennt man den Gehalt einer Aussage erst eine Weile später ...

Ach ja – wie wäre es, wenn Sie für jeden Einwand, den Sie später doch als Ergebnis von Telepathie bestehen lassen müssen (Fantasie, Fachwissen, ...), ein paar Cent dem Tierschutz spenden? Dann erfüllt die geistige Schere noch einen guten Zweck, bevor Sie deren Verwendung einstellen.

Tipp Nummer drei: Schulen Sie Ihre Wahrnehmung

Um alles aufschreiben zu können, müssen Sie erst einmal alles mitbekommen: Trainieren Sie Ihre Wahrnehmung. Wie viele Geräusche hören Sie jetzt gerade in diesem Augenblick? Und aus welcher Richtung kommen sie?

Spielen Sie mit Ihrer selektiven Wahrnehmung: Blenden Sie ein Geräusch aus, nehmen Sie ein anderes ganz bewusst wahr.

Trainieren Sie auch Ihren Geruchs- und Geschmackssinn. Bitten Sie doch mal eine Freundin oder ein Familienmitglied, Ihnen bei geschlossenen Augen verschiedene Duftquellen unter die Nase zu halten. Erschnuppern Sie Apfel und Orange, Spülmittel und Nelke, Schokolade und Essig. Schmecken Sie ganz bewusst die Zutaten in einer Soße oder einem Stück Kuchen heraus. Visualisieren Sie Ihren Weg zur Arbeit, erinnern Sie sich an Ihren früheren Schulweg. Was hat Ihr Kind/Freund/Mann heute morgen angezogen? Wie fühlt sich Ihre Lieblingsbluse an? Wie das Fell Ihrer Katze? Wie klingt die Katzenstreu? Experimentieren Sie mit Ihrer Vorstellungskraft!

Tipp Nummer vier: Schulen Sie Ihren Fokus

Ich mag das Wort „Konzentration" im Zusammenhang mit Telepathie und Tierkommunikation nicht. Das Wort schmeckt für mich immer ein wenig nach Anstrengung, Schule und Leistungsdruck, und das halte ich für kontraproduktiv. Das Wort Fokus ist für mich viel angenehmer, leichter, freier. Und das ist es, was wir brauchen, Entspannung – nicht Anspannung. Ihren Fokus, das, was Sie im Blick behalten, Ihre Aufmerksamkeit, das können Sie natürlich auch trainieren!

Schauen Sie mal ganz bewusst einen Gegenstand auf dem Tisch an. Nur diesen einen, bleiben Sie bei dieser Sache. Auch mit dem Kopf nicht abschweifen! Anfangs gar nicht so leicht, oder? Wenn Sie daran Gefallen finden, lesen Sie sich ein bisschen in Zen-Meditation ein, da finden Sie ganz viele Varianten zu diesem Thema.

Eine weitere Herangehensweise ist es, ganz bewusst an **eine einzige Sache** zu denken. *Eine* Farbe, *einen* Gegenstand. Stellen Sie sich zum Beispiel eine Apfelsine vor, solange Sie können. Schauen Sie ruhig spielerisch mal auf die Uhr dabei und stoppen Sie, wie lange Sie es schaffen, nur an diese Apfelsine zu denken, ohne dass ständig andere Gedanken auftauchen. Schauen Sie, wie steigerungsfähig Sie mit ein bisschen Übung sind.

Und mit der Zeit erhöhen Sie den Schwierigkeitsgrad: **Störquellen.** Machen Sie während Ihrer Fokusübungen ruhig mal das Radio an oder üben Sie inmitten spielender Kinder. Schulen Sie Ihre selektive Wahrnehmung. Lesen Sie ein Buch, während um Sie herum das Leben tobt. Wenn ich mich irgendwo festgelesen habe, muss meine Tochter mich buchstäblich am Arm rütteln und mir ins Ohr rufen, damit ich wieder auftauche.

Ein Tipp von Onkelchen – Atmen!

„Atme tief und bewusst. Stell dir Farben dabei vor, Farben, die dir angenehm sind. Reinige dich von äußeren Einflüssen durch das Atmen dieser

*Farben. Bring Licht in dich hinein und atme es durch alle deine Öff-
nungen nach außen, auch die Haut ist eine Öffnung. Atme weit hinunter bis in deinen Bauch. Da wo es der Verdauung dient. Dann nimm eine Farbe, die für dich Liebe bedeutet. Reine Liebe. Bedingungslose. Das,
was ihr Gott nennt, von mir aus, oder Universum oder wie auch immer.
Atme Liebe. Das hilft der Energie. Lass es einfach nur geschehen. Fließen.
Du brauchst nichts tun, sei nicht aktiv, sei passiv, empfange. Atme, spüre. Und beobachte, nimm an, was geschieht. Es ist gut."*

Sender und Empfänger

So gut vorbereitet können wir uns dann gleich an die weiterführen-
den Übungen machen. Ich vergleiche, wie schon erwähnt, Telepathie und Tierkommunikation gern mit dem Telefonieren. In beiden
Fällen brauche ich jemanden, der anruft (Sender), jemanden, der
rangeht (Empfänger) und zwischen den beiden eine möglichst gute Leitung (Gedankenbrücke). Wenn am anderen Ende besetzt ist
oder das Freizeichen ertönt, kommt keine Verbindung zustande.
Logisch? Logisch.

Manche von uns laufen permanent auf „Stand-by" herum. Sie haben ihre Antennen ständig halb aus- oder eingefahren, registrieren
sofort, wenn sie angepiept werden und gehen dann automatisch on-
line, was manchmal auch recht anstrengend sein kann und Kraft
kostet. Andere sind eher auf „Off" und müssen sich bewusst „an-
schalten", um empfangsbereit zu werden. Dafür haben sie kaum
Schwierigkeiten damit, „nein" zu sagen und ungefragt angefunkt
zu werden, und haushalten mit ihren Ressourcen.

Das ist typbedingt und Sie bekommen ganz schnell heraus, zu welchem Typ Sie gehören und wie Sie damit arbeiten und umgehen
können. Vielleicht wissen Sie es schon. Was Ihnen aber vielleicht
nicht so bewusst ist: Wir können immer eine Wahl treffen. *Wir* entscheiden.

Kurserfahrungen II – Kontakt aufnehmen

„Wir hatten schon immer Katzen zuhause, sie standen uns auch sehr nah, sie haben uns auf ihre Art und Weise getröstet oder haben uns nur durch ihre Anwesenheit Freude bereitet. – Aber mit Tieren telepathisch kommunizieren? – ‚Das geht doch nicht, und wenn, dann können es nur Menschen mit einer bestimmten Gabe!', dachte ich. Wieso kam es dennoch dazu, dass ich bei Karin im Kurs saß? Vor ca. zwei Jahren sind mein Mann und ich, wie in jedem Jahr, für zwei Wochen in den Urlaub gefahren. Während dieser Zeit kümmerten sich unsere Nachbarn um unsere Katze Kitty. Nach etwa einer Woche Urlaub war ich ganz unruhig und sagte zu meinem Mann, dass ich nach Hause möchte, da es unserer Kitty überhaupt nicht gut gehe, sie rufe nach mir! Mein Mann sagte, dass ich mir dies einbilde. Wenn etwas mit Kitty wäre, hätten unsere Nachbarn sich auf jeden Fall bei uns gemeldet. Mein Verstand sagte mir, dass dies auch logisch sei. So habe ich meine „innere Stimme" beiseitegeschoben und wir reisten nicht ab, obwohl ich die ganze Zeit unruhig war und es nicht abwarten konnte, Kitty wiederzusehen. Zuhause angekommen hat man Kitty auf den ersten Blick nichts angemerkt. Doch dann sah ich, dass sie ganz große Pupillen hatte und gar nicht mehr so recht laufen wollte. Am nächsten Tag sind wir zur Tierärztin gefahren, die uns sagte, dass es ganz schlecht um Kitty stünde. Ein paar Tage danach mussten wir sie einschläfern lassen. Ich habe mir lange Vorwürfe gemacht, dass wir nicht früher aus dem Urlaub zurückgekommen sind, ich nicht auf meine innere Stimme bzw. Kitty gehört habe.

Zu Weihnachten habe ich von meinen Eltern Karins Buch „Wie Pferde ihre Menschen spiegeln" geschenkt bekommen. Ich war so fasziniert von diesem Buch, dass in mir der Wunsch wuchs, mit meinem Pferd Parchim und unseren Katzen Arnie und Tiger telepathisch kommunizieren zu können. Ich meldete mich also zum Kurs bei Karin an. Jetzt, nach dem Seminar, kann ich nur sagen, dass jeder/jede mit Tieren telepathisch kommunizieren kann – es hat nichts mit Guru und Hokuspokus zu tun. Ich kann jetzt noch nicht sagen, dass ich es perfekt könnte, ich stehe ge-

*rade am Anfang und dafür war meine Trefferquote schon ganz gut. Jetzt
will ich weiter üben, üben, üben ... !"*

Anja Krupp, Kulmbach

*„Ich habe ein sehr intensives Verhältnis zu meinen beiden Pferden und
hatte schon monatelang das Gefühl, dass sie sich mir mitteilen möchten,
ich aber nicht so recht verstehe, was sie mir ausdrücken möchten. Mich
machte das immer sehr traurig und da ist mir das Buch über den sechsten Sinn von Dir in die Hände gefallen. Als ich es gelesen hatte, wusste
ich, dass ein Kursbesuch genau das Richtige für mich war. Und wie die
Kommunikation funktioniert, ich hatte daran keinen Zweifel. Es hat mich
dann aber doch sehr verblüfft, wie genau manche Dinge zutreffen und
dass ich weniger von mir selbst in die Gespräche reininterpretiere, als ich
dachte. Für mich war der Kurs sehr wertvoll, da ich noch sensibler auf
meine Tiere geworden bin. Ich habe den Eindruck, dass sie „anders" geworden sind, seit ich mich mit ihnen unterhalte. Sie sind ruhiger, ausge-
glichener, zufriedener. Ein Außenstehender kann die Veränderung nicht
wahrnehmen. Aber ich spüre es für mich und mein Mann hat es auch
schon bemerkt. Ich denke oft, was für grobmotorische und plumpe Wesen
wir Menschen doch sind und leider emotional abgestumpft und unsen-
sibel. Ich möchte das unter anderem mit Hilfe der Tierkommunikation
verbessern und meine Sinne für das „Überirdische" weiter schärfen. Es ist
ein tolles Gefühl und ich möchte es nicht mehr missen. Ich möchte noch
viel mehr über die Möglichkeit der Tierkommunikation lernen und was
noch alles dahintersteckt. Ich möchte anderen Menschen helfen, ihre Tiere
besser zu verstehen. Sie selbst sensibler für ihre Tiere zu machen, und was
diese mit ihrem Verhalten ausdrücken möchten (ich gebe Reitunterricht)
und dass immer der Mensch selbst der Schlüssel zum Erfolg ist.
Ich übe fleißig mit unseren Weltmeistern, den Tieren, zu kommunizieren und erlebe immer wieder die tollsten Dinge. Es ist so spannend und
ich würde am liebsten den ganzen Tag nichts anderes mehr machen.
Leider habe ich die Aufzeichnungen vom Kurs nicht mehr, aber ich kann*

mich noch gut daran erinnern. Mein erstes Übungstier war ein Kater, der einer Teilnehmerin namens Monika gehörte. Am Anfang habe ich die Gedanken einfach fließen lassen. Ich habe den Kater über weiße Fliesen laufen sehen. Es ging ihm gut. Ich sah ihn auf einer roten Decke auf einer Art Hocker liegen. Er meinte, er müsse sich um sein Frauchen kümmern (sie sei gerade in einer schwierigen Situation). Ich hatte das Gefühl, dass es eine Stubenkatze ist. Monika hatte eine ganze Liste mit Fragen (die ich leider nicht mehr alle weiß), aber eine ist mir besonders im Gedächtnis geblieben: Ob er lieber in der Dachgeschoss-Wohnung sei oder im Haus. Schon während ich die Frage las, kam prompt „Dachgeschoss" – ohne Zweifel. Monika erklärte uns, dass sie in der Dachwohnung wohne, die sehr klein sei. Ihr Mann hätte ein großes Haus, dort hätte die Katze seit der Trennung gelebt. Monika wollte es dem Kater so gut als möglich machen und hatte ein schlechtes Gewissen, ihn in die kleinere Wohnung mitzunehmen – aufgrund von unserem Gespräch überlegte sie es sich aber. Die weißen Fliesen bestätigte sie mir als die hellen Fliesen von der Küche und der Kater läge tatsächlich am liebsten auf einem kleinen roten Miniatursofa ...

Ich fand es faszinierend, da eine andere Dame, die auch mit dem Kater gesprochen hat, genau dasselbe empfangen hat. Auch mit anderen Katzen habe ich Erfahrungen gemacht, die sehr beeindruckend waren. Eine Katze teilte mir nach einer Weile mit, dass sie jetzt keine Zeit mehr habe und dass sie mal die Treppe runtergeht. Ich habe es meiner Freundin am nächsten Tag mitgeteilt und sie sagte mir, dass ihre Katze genau um diese Zeit die Treppe runtergetragen werden wollte (die Katze kann schlecht laufen, da sie an der Schulter Krebs hat). Wir fanden es echt irre.

So, genug geschrieben, ich könnte noch viel mehr schwärmen, aber ich denke, es reicht. Ich wünsche Dir eine gute Zeit und viele nette Begegnungen!"

Anita Renz, Aspach

„Hallo liebe Karin, nochmals danke für das tolle Wochenende mit dir und den Tieren. Ich war zwar danach sehr erschöpft, aber es hat mir

wirklich viel gebracht. Es ist seit vielen Jahren immer wieder so, dass ich nachts wach werde und Tiere, die ich zumeist gar nicht oder nur vom Sehen her kenne, seltener meine eigenen, neben mir sehe oder spüre. Das ist auch in den beiden Nächten nach dem Seminar so gewesen, erst waren es Geräusche, in der zweiten Nacht ein weißes Pferd (hatte beim Seminar Sunnys Foto zurückgelegt, da ich das Gefühl hatte, dass es genug für mich war). Nun aber zu dem eigentlichen Grund meiner E-Mail: Ich war gestern mit einer Kollegin in einem Lokal in Wien essen, wir waren ganz hinten in einem Raum, Leute, die nach uns kamen und einen Hund dabeihatten, nahmen im Gastgarten Platz. Der Hund fiepste und bellte fast die ganze Zeit vor Aufregung. Ich saß mit dem Rücken zu ihm, in etwa 15 Meter Entfernung, bis meine Kollegin mich darauf aufmerksam machte, dass er mich die ganze Zeit anstarrte – also drehte ich mich um. Es war wirklich sehr beeindruckend, er fixierte mich nachdrücklich und veranstaltete fast durchgehend ein Konzert. Wieder daheim habe ich ihm angeboten, kurz mit mir Kontakt aufzunehmen: ,Ich bin da und nicht dort, habe Verwandte in deinem Dorf, neben euch rechts, genau an der Laterne, unmittelbar nach der Busstation den Hügel hinauf, hinunter, an der Ampel rechts hinüber, dort wohne ich, beschreibe das ...' Ich fand das mehr als seltsam und habe meiner Nachricht wenig Glauben geschenkt. Bis ich heute in Hainburg unterwegs war (habe dort ein Grundstück für die Schafe und wohne selbst drei Kilometer von dort entfernt). Beim Vorbeifahren sah ich denselben Hund und mit ziemlicher Sicherheit auch den Besitzer vom Vortag auf der Straße gehen (50 Kilometer von Wien entfernt). Und da ich jetzt geläutert bin und Aufträge erfülle, berichte ich das, so wie es mir der Hund „aufgetragen" hat. Liebe Grüße!"

Andrea Wiesner, Bad Deutsch Altenburg (Österreich)

„Wie anstrengend der erste Kurstag war, merkte ich eigentlich erst abends, als der Kopf immer dicker und die Augen immer schwerer wurden. So viele Eindrücke, so viel geistige Anstrengung – kein Wunder, dass meine Seele die ganze Nacht mit Entrümpeln beschäftigt war. Eine Hauptdarstelle-

rin in meinem Traum warst du, liebe Karin, die unsere Gruppe vor eine Art Höhleneingang führte. Du hattest auf der Stirn eine dieser Lampen, wie sie Höhlenforscher tragen und erklärtest uns: ‚Also, wir gehen da jetzt hinein. Stellt bitte sicher, dass ihr alles, was ihr NICHT braucht, draußen lasst. Es wird auch so anstrengend genug!' Ich begann, meine zahlreichen Taschen, Rucksäcke und Tüten, die ich dabeihatte, durchzusehen. Komische Sachen waren da dabei: halbvolle Flaschen mit trüben, bräunlich-gelben Flüssigkeiten, allerlei Abfall und übelriechendes, undefinierbares Zeug. Ich war wirklich eine ganze Weile damit beschäftigt auszusortieren, wegzuwerfen, umzuschichten und neu einzuräumen. Zum Schluss hätte ich noch beinahe den Anschluss an den Rest der Gruppe verpasst, die schon längst in der Höhle verschwunden war! Jetzt könnte man vermuten, dass ich nach dieser anstrengenden nächtlichen Aktivität völlig erschöpft und gerädert aufgewacht bin – das Gegenteil war jedoch der Fall! Ich hatte das Gefühl, schon lange nicht mehr so gut geschlafen zu haben und so erfrischt und erholt zu sein. Soviel zu meinem Traum.«

Susanne Siebold, Malching

Die ersten Paarübungen

Wollen Sie es nun selbst mal ausprobieren? Dann los!
Wie? Einfach so? Ja, klar!
Alles, was Sie brauchen, sind ein Übungspartner, der Lust hat auf ein paar Experimente, ein paar ruhige Augenblicke und etwas Bequemes zum Sitzen. Setzen Sie sich einander gegenüber hin, in einer offenen, lockeren Körperhaltung.

Erste Stufe – Brücken bauen

Sie stimmen sich einen Moment lang aufeinander ein, indem Sie sich auf Ihren Atem konzentrieren und dabei ruhig werden – erstmal runterkommen und entspannen. Wenn Sie mögen, berühren Sie sich an den Händen oder lassen Sie die Arme einfach locker auf den Oberschenkeln liegen. Atmen Sie ruhig weiter und dann stellen Sie sich beide vor, wie Sie eine Verbindung herstellen zum Geist, zum dritten Auge, zum Stirnchakra Ihres Gegenübers. Ganz bildlich: Bauen Sie eine Gedankenbrücke, legen Sie eine Leitung von Ihrer Stirnmitte zu der Ihres Übungspartners/Ihrer Übungspartnerin.

Ihr Fokus ist dabei einzig bei dem Kontakt, den Sie herstellen und empfangen. Achten Sie auf das, was Sie fühlen. Vielleicht spüren Sie tatsächlich schon jetzt eine rein körperliche Reaktion. Spüren Sie, wenn Ihr Gegenüber „bei Ihnen" ist? Manche Menschen empfinden einen leichten Druck auf der Stirn. Andere fühlen ein Kribbeln oder Ziehen, Wärme oder sogar, dass ihre Augenlider anfangen zu flackern. Aber warten Sie nicht auf das Eintreffen solcher Empfindungen, lassen Sie einfach geschehen, was will. Wenn Sie nichts spüren, ist es auch völlig in Ordnung.

Halten Sie für ein paar Augenblicke den Kontakt und bauen Sie dann ganz bewusst Ihre Brücke wieder ab.

Wie diese Verbindung zwischen Ihnen aussieht, bleibt völlig Ihrer eigenen Vorstellungskraft überlassen. Und natürlich dürfen Ihre beiden Gedankenbrücken komplett unterschiedlich sein. Ein Strahl aus Licht kann eine prima Datenautobahn sein, die voll kompatibel ist mit einem Telefonkabel, einer Rohrpost oder der Londoner U-Bahn. Wie auch immer Sie einen Kontakt herstellen, entdecken Sie die Möglichkeiten Ihrer Vorstellungskraft. Spielen Sie damit! Die Gedankenbrücke ist letztlich nichts anderes als eine Eselsbrücke, um Ihre unsichtbare Verbindung für eine gemeinsame energetische Schwingung zu visualisieren.

Zweite Stufe – Erste Informationen senden/empfangen

Wenn Sie etwas Gespür dafür entwickelt haben, wie es sich anfühlt, eine Verbindung herzustellen, zu halten und wieder abzubauen, machen Sie sich ans Senden bzw. Empfangen von ersten kleinen Botschaften.

Einigen Sie sich zunächst, wer welche Aufgabe übernimmt: Wer sendet – wer empfängt? Wenn die Rollen klar verteilt sind und Sie sich aufeinander eingestimmt haben, lassen Sie die Leitung zwischen Ihnen entstehen. Angedockt? Dann fragen Sie beispielsweise: An welche Farbe denke ich gerade? Stellen Sie sich vor, wie Sie diese Farbe nicht nur selbst vor dem geistigen Auge sehen und fühlen, sondern schicken Sie ganz bewusst diese Farbe auf Ihrer Gedankenbrücke hinüber.

Achtung Empfänger: Es kann ganz schnell gehen. Noch bevor Ihr Sender die Frage ganz ausgesprochen hat, haben Sie vielleicht ein Wort, ein Gefühl, ein Bild dazu im Kopf. Wenn es übereinstimmt: Herzlichen Glückwunsch! Sie haben soeben ganz bewusst eine telepathische Botschaft ausgetauscht.

Auf diese Weise können Sie mit Gegenständen, Gefühlen, Geruch, Geschmack, Körperwahrnehmungen, Tieren, Pflanzen etc. experimentieren und langsam den Schwierigkeitsgrad steigern.

Wenn es noch nicht geklappt hat, überprüfen Sie Folgendes: War ich bei der Sache oder abgelenkt? Hat mein Fokus gestimmt? Bin ich müde oder gestresst? Waren eigene Gedanken oder das Bedürfnis, rational zu kontrollieren, im Weg? Habe ich meine eigenen Emotionen zu präsent gehabt, vorschnell interpretiert oder gewertet? Negative Gedanken und Gefühle, Erwartungen, Wünsche und übersteigerter Ehrgeiz führen dazu, dass wir Ergebnisse verzerren, uns etwas so zurechtdenken, wie wir es gern hätten und machen uns telepathisch „blind." Das wissen wir aus der Intuitionsforschung – es lässt sich eins zu eins auf die Telepathie übertragen. Und *last but not least*: Haben Sie daran geglaubt, dass es klappen kann?

Dritte Stufe – Schwierigkeit steigern

Nehmen Sie doch mal zwei oder drei Sachen hintereinander. Beispielsweise: Sag mir, an welche Speise und an welches Getränk ich denke. Oder, welche Flasche und welchen Teppich stelle ich mir gerade vor?

Vierte Stufe – komplexe Inhalte austauschen

Erhöhen Sie den Schwierigkeitsgrad weiter, wählen Sie komplexere Dinge oder Sachverhalte. Etwa: Landschaft, Jahreszeit, Zeitalter, Lieblingsbeschäftigung, Land.

Auch wenn es viel Spaß macht und sehr reizvoll ist, gönnen Sie Ihrer Zirbeldrüse Atempausen und steigern Sie die Übungen langsam. Erfahrungsgemäß braucht es ein Weilchen, bis man sich aufeinander eingeschwungen hat. Dann werden die Ergebnisse richtig gut, und schwupps sinkt die Trefferquote auch schon wieder, nämlich dann, wenn Sie ermüden.

Nehmen Sie Kopfschmerzen als Hinweis auf (Über)anstrengung, als „Muskelkater" ernst. Trinken Sie viel Wasser, am besten ohne Kohlensäure, um den Organismus nicht zusätzlich zu belasten. Wie in jedem Training so gilt auch hier: Lieber öfter mal ein wenig üben als einmal sehr lange.

Seien Sie nicht allzu enttäuscht, falls es nicht auf Anhieb klappt und Sie nicht ein ums andre Aha-Erlebnis feiern können. Allein durchs Üben – ganz unabhängig von jedweder Trefferquote – trainieren Sie Ihre Zirbeldrüse und regen diesen Bereich in Ihrem Gehirn an, wieder Synapsen zu verknüpfen und Trampelpfade zu Datenautobahnen auszubauen.

Es ist wie bei jedem anderen Muskel auch: Wer bei einem Lauf als Erster oder Letzter durchs Ziel geht, ist dem Oberschenkelmuskel letztlich egal. Der Trainingseffekt stellt sich automatisch durchs Laufen ein, durch die Strecke, die Sie zurückgelegt haben. Durch Wiederholungen und regelmäßiges Üben wird die Kondition gesteigert. Und wie beim Sport gilt hier genauso: Viel trinken nicht vergessen!

Insofern an dieser Stelle noch einmal: Herzlichen Glückwunsch! Sie haben gerade erfolgreich jede Menge Synapsen wachgekitzelt!

Was geht vor?

▸ Sie spüren:
- einen leichten Druck, ein Kribbeln, Wärme oder einen Sog an der Nasenwurzel
- dass Ihre Augenlider anfangen zu flackern
- nichts
▸ Sie schnappen einen Gedanken auf, aber der kam nicht von Ihrem Gegenüber, sondern von Ihrer Katze
▸ Sie können besser senden als empfangen
▸ Sie können besser empfangen als senden
▸ Sie haben einen Gedankenbruchteil richtig empfangen, aber der Rest war Ihrer
▸ Sie sehen nur die Gedankenbrücke des anderen, die eigene nicht
▸ Sie haben zu viele eigene Gedanken im Kopf und können nicht abschalten
▸ Sie können sich keinen Geruch vorstellen, geschweige denn senden
▸ Sie bekommen nur Gefühle
▸ Sie bekommen nur Bilder
▸ Sie empfangen nur „Worte"
▸ Sie haben Kopfweh
▸ Sie sind eingeschlafen

All das sind schon erste Erfolge! Sie fangen gerade erst an, Ihre Wahrnehmung und Ihr drittes Auge zu schulen. Wie lange hat es von Ihrer ersten Fahrstunde bis zum Führerschein gedauert? Und wie lange von da, bis Sie sich einigermaßen sicher gefühlt haben?

Auch bei hohen Geschwindigkeiten? Auf unbekannter Strecke? In einem fremden Auto? Im Dunkeln? Mit Ihrem Vater, Mutter oder Chef auf dem Beifahrersitz? Entspannen Sie sich – wenn Sie sich selbst Druck machen, wird es unnötig schwerer. Je mehr Sie es wollen, desto weniger kann es funktionieren. Denn dann sind Sie nicht entspannt.

Erinnern Sie sich daran, wie Sie als Kinder gespielt haben und sich gegenseitig den Finger kurz vor die Nasenwurzel hielten. Natürlich bei geschlossenen Augen und der „Proband" musste raten, wann der Finger da war und wann nicht. Das Kribbeln, das auf der Stirn entstand, wenn der Finger da war, war ganz natürlich und wurde mit einem Lachen begrüßt.

Alles, was ich oben angeführt habe, sind ganz natürliche Phänomene. Je mehr Sie Ihren Fokus trainieren, desto besser wird es klappen. Es braucht eben seine Zeit – und das ist erstens ganz individuell unterschiedlich. Und zweitens wird Ihr Unterbewusstsein gute Gründe haben, warum Sie so und nicht anders starten.

Wenn Sie das Gefühl haben, dass Sie sich selbst im Weg stehen, dann treffen Sie eine Wahl: Wer kann Ihnen eventuell dabei helfen, diesen Stress loszuwerden? Welche Umstände sind vielleicht im Moment kontraproduktiv und wann werden die sich ändern? Ändern sie sich mit oder ohne Ihr Zutun? Was können Sie für sich tun?

Wussten Sie schon, dass Sie nicht nur der wichtigste Mensch im Leben Ihrer Katze sind, sondern vor allem auch der wichtigste Mensch in Ihrem eigenen Leben? Wenn Sie nicht zuallererst gut für sich selbst sorgen, können Sie es unter Umständen auch nicht so lange für Ihre Katze, wie Sie es sich wünschen.

Manchmal sind es auch unbewusste Ängste, die uns hindern, in der Telepathie richtig durchzustarten. Erfahrungsgemäß sind es meist die sensibelsten, sensitivsten Kursteilnehmer, die solche Blockaden in sich spüren.

Meditation eins:
Gedankenreise zu den inneren Blockaden

Setzen Sie sich bequem hin und schließen Sie die Augen. Kommen Sie zur Ruhe. Beobachten Sie Ihren Atem. Lassen Sie ihn fließen. Achten Sie nur auf Ihr Atmen. Alles andere wird unwichtig. Stellen Sie sich vor, wie Sie einen gesunden Frühsommerwald betreten. Machen Sie einen Spaziergang. Es ist warm genug, Sie sind barfuss. Sie spüren das Moos unter Ihren Füßen. Fühlen Sie genau hin. Sehen Sie sich um. Nehmen Sie alles ganz genau wahr. Die Geräusche des Waldes, das wärmende Licht der Sonne. Wind in den Bäumen, im Blätterdach über Ihnen. Ein sanftes Rauschen, fast wie Meereswellen. Alles ist friedlich und von Leben erfüllt.

Sie gehen einen kleinen Pfad entlang, tiefer in den Wald hinein. Hier ist eine Lichtung. Eine Quelle entspringt zwischen ein paar Felsen, ein kleiner Bachlauf schlängelt sich durch das Moos.

Sie sehen sich um und entdecken eine Decke auf dem Waldboden. Sie hat Ihre Lieblingsfarben. Lassen Sie sich darauf nieder und hören Sie den Bäumen zu, dem Vogelzwitschern und dem Plätschern des Baches, den Geräuschen des Waldes.

Sie riechen das Moos und die Bäume. Wenn Sie mögen, trinken Sie einen Schluck Quellwasser. Und dann gehen Sie mit Ihrer inneren Aufmerksamkeit an Ihr Thema mit der Tierkommunikation. Jagt Ihnen etwas Angst ein? Ist Ihnen mulmig oder spüren Sie Druck? Wie fühlt es sich in Ihrem Körper an? Wo können Sie dieses Thema körperlich spüren?

Ist es rund oder eckig? Groß oder klein? Wo sitzt es genau? Und welche Farbe hat es? Machen Sie es sich einfach bewusst. Lassen Sie es deutlich spürbar sein. Achten Sie auf Ihren Körper.

Beobachten Sie, wo und wie Sie Ihr Thema körperlich spüren. In welchem Körperteil, an welcher Stelle empfinden Sie es? Gehen Sie mit Ihrer Vorstellungskraft dorthin und spüren Sie hin. Ist es nur da oder führt es Sie weiter durch Ihren Körper? Gehen Sie dem Knackpunkt nach.

Sie können es ja spüren, es wird richtig greifbar. Also greifen Sie jetzt in sich hinein und ziehen es heraus. Wie sieht Ihr Thema aus, wenn Sie es jetzt in der Hand halten? Ist es fest oder weich? Was hat es für eine Konsistenz? Ist es schwer oder leicht? Halten Sie es. Streicheln Sie es. Es gehörte zu Ihnen.

Es war ein Teil von Ihnen. Schenken Sie ihm warme Gefühle und bedanken Sie sich dafür, dass es Ihnen bis hierher geholfen und Sie begleitet hat.

Wenn es sie interessiert, können Sie auch fragen, welche Funktion dieser Teil für Sie hatte, und ob er diesen Zweck vielleicht schon längst erfüllt hat.

Fällt Ihnen ein, wann Sie es zum ersten Mal gespürt haben? Wissen Sie, warum Sie bisher noch nicht loslassen konnten? Vielleicht ist das aber auch gar nicht mehr wichtig ... Wichtig ist: Schenken Sie diesem Teil von sich Aufmerksamkeit und Zuneigung. Streicheln Sie ihn, während er auf Ihrer Hand sitzt und dann nehmen Sie mit der anderen Hand all das weg, was wie eine Kruste aussieht. Da ist eine Schale, mehrere Schalen übereinander. Darunter kommt etwas zum Vorschein, das noch ganz klein und frisch ist. Es braucht viel Liebe und es enthält viel Liebe.

Dieses kleine Etwas war von der Kruste eingeengt. Jetzt kann es sich entfalten und wachsen. Und das am besten in Ihnen.

Das, was jetzt übrig ist, was Sie vorsichtig in Ihrer Hand halten, das können Sie behutsam und vorsichtig in Ihren Körper zurücksetzen. Einfach dahin, wo es sich gut und stimmig anfühlt.

Das ist sein richtiger Platz. Sie spüren, wie es sich dort auflöst und in Ihrem Körper verteilt. Es ist befreite, wiedergewonnene positive Energie. Sie stärkt Sie mit jedem weiteren Atemzug. Sie strömt in jeden Winkel Ihres Körpers und entfaltet sich dort zu Ihrem Besten.

Doch auch die Schalen sind wichtig. Graben Sie ein kleines Loch in den weichen Waldboden, gleich neben der Quelle. Hier beerdigen Sie das, was Sie vorher weggepellt haben. Bedecken Sie die Krusten, das, was Sie nicht mehr brauchen, mit Erde. Sie haben ihren Sinn erfüllt, sie haben den Kern beschützt. Bedanken Sie sich noch einmal dafür, dass sie ihre Aufgabe gut erfüllt haben. Lassen Sie sie nun gehen, geben Sie sie frei. Und dann ebnen Sie den Waldboden ein, so dass nichts mehr zu sehen oder zu ahnen ist. Dieser Fleck gleicht sich dem übrigen Boden an. In der fruchtbaren Erde an dieser Quelle lösen sich Schale und Krusten auf. Sie können sich transformieren und bekommen eine neue Aufgabe.

Jetzt spüren Sie noch einmal genau in Ihren Körper. Alles in Ihnen atmet das positive Gefühl der neuen, freigesetzten Energie.

Spüren Sie den Unterschied? Spüren Sie, wie leicht Sie sind? Atmen Sie die frische Waldluft ein, genießen Sie das kühle Wasser des Bachs. Sie sind frei! Genießen Sie den Augenblick hier im Wald, das Glück, den Frieden. Nehmen Sie alle Einzelheiten in sich auf. Und dann gehen Sie den Weg wieder zurück, den Sie gekommen sind. Verlassen Sie diesen Frühlingswald, aber nehmen Sie das gute Gefühl mit.

Spüren Sie wieder den „wirklichen" Boden unter den Füßen, bewegen Sie langsam Ihre Zehen. Atmen Sie tief durch, und wenn Sie soweit sind, öffnen Sie wieder die Augen.

Die Frage hinter der Angst lautet meist: Was, wenn ich es wirklich kann? Was, wenn ich plötzlich anfange, überall Stimmen zu hören? Was, wenn ich all die schrecklichen Informationen nicht verarbeiten kann? Ist es nicht unheimlich verantwortungsvoll, mit Tieren zu kommunizieren?

Meine Antwort lautet: Ja und nein.

Ja, es ist sehr verantwortungsvoll.

Und nein, es braucht nicht unheimlich zu sein.

Ach ja, und das Kopfweh kommt nur, wenn Sie zu wenig Wasser trinken! Unsere Zirbeldrüse will stets gut geschmiert sein. Darum wiederhole ich gern noch einmal: Trinken Sie literweise gutes Wasser und sorgen Sie für frische Luft.

🐾 Tipp von Onkelchen: Wasser

„Ihr Menschen trinkt zu wenig. Es ist immer dasselbe. Ihr wisst um das Wasser des Lebens, aber ihr habt seine Geheimnisse vergessen. Wenn ihr so viel Künstliches in euch hineintut, dass euer Magen verklebt und jede Pore eures Körpers danach riecht und auch noch klebrig wird, wie wollt ihr dann frei atmen können? Es gibt kein gutes oder schlechtes Wasser. Aber in manches Wasser habt ihr viel abgeladen, viel verbrauchte Energie hineingegeben oder schlichten Müll. Das trinkt ihr dann und wundert euch, wenn ihr krank werdet, es euch schlecht geht oder ihr kraftlos seid. Gebt eurem Wasser doch gute Energie. Ihr fühlt und schmeckt den Unterschied. Katzen würden niemals so gleichgültig mit sich selbst umgehen. Wir nehmen als Nahrung nur das Beste zu uns. Warum begreift ihr das nicht als Aufforderung an euch selbst? Spült eure Nieren und gebt euch Gutes."

Achten Sie auf unbewusste Signale

Ihre Intuition und Ihr telepathisches Vermögen können Sie fördern, indem Sie gelassener werden. Je lockerer Sie sind, je entspannter, desto leichter kommen die Ergebnisse. Achten Sie auf Körperwahrnehmungen und Gefühle, auch das kann ein Weg sein, den sich eine Information sucht. Üben Sie, sich in andere hineinzuversetzen, holen Sie sich Rückmeldungen, Feedback. Seien Sie offen und kreativ, schlicht neugierig – und achten Sie auf Ihre Träume. Wenn Sie sehr rational sind, dringen erste Wahrnehmungen vielleicht auf einer symbolhaften oder unbewussten Ebene zu Ihnen durch.

Wie sagte der Schriftsteller Hans Bemmann einst so schön: „Die Wahrheit liegt hinter den Dingen und man kann nur in Bildern von ihr sprechen."

Moritz und seine Familie

Moritz war zur Zeit des Gesprächs drei Jahre alt.

Protokoll vom 27. September 2004

„Im Gehirn spielen manchmal meine Drähte verrückt. Reagiere jetzt sehr intensiv auf Teppichreiniger und andere scharfe Haushaltsreiniger. Alles in allem Unbalance der Kräfte. Bräuchte eine Ausleitung durch Heilpraktiker, etwas mit Elektroden und Strömen, um auszugleichen. Akupunktur kann mir auch helfen, wenn sie richtig gemacht wird, brauche nur zwei oder drei Nadeln. Insgesamt. Nicht alle auf einmal. In Frauchens Leben hat sich doch etwas geändert. Sie denken nur nicht richtig nach. Aber das ist nicht der Schlüssel. Schüßler-Salze stabilisieren mich. Helfen, das innere Gleichgewicht wiederzufinden. Spurenelementemangel. Zweistellige Zahl. (Sie können Schüßler-Salze prima in heißes Wasser einrühren und abkühlen lassen. Wenn er es nicht als Trinkwasser nimmt, vielleicht direkt ins Mäulchen spritzen oder übers Futter geben). Schlafe viel, brauche das. Erholung. Alles Symptom, nicht Ursache. Ursache war draußen, etwas von außen. Es sterben Gehirnzellen bei den Anfällen. Aber nicht so dramatisch, wie sie denken. Es wird schon alles gut werden. Macht mich benommen, weiß manchmal gar nicht richtig, wo ich bin. Es verbraucht so viele Mineralien, wenn ich kippe. Das ist das Gefährliche. Elektrolyte. Heilpraktiker, sie brauchen jemand Gutes, mit Erfahrung. Müde. Habe draußen etwas eingeatmet. Draußen. Scharf und giftig. War auch schnell wieder weg. Brizzelt im Kopf. Zwischen hohen Pflanzen, wie Disteln oder Brennnesseln (?), wildes hohes Frühsommergras. Dunkles Holzhäuschen/Schuppen im Hintergrund. Da liegt ein verwesendes totes Tier. Rühre es nicht (mehr) an. Unangenehmer Geruch. Scharf, wie Benzin ... Sonst bin ich gern draußen und jage oder lasse mir die Sonne auf den Pelz brennen. Es ist nicht so schlimm, wie sie glauben, sollen nur aufpassen, dass ich nicht Flüssigkeit in den Rachen bekomme. Es wird besser werden. Unterstützt es mit Heilmassage. Bin jetzt nur manchmal so richtig müde. Erholung. Tobe dann wild. Aus-

gleich schaffen, darum geht es in allem. Stützend und balancierend.
Kann sein, dass noch mal schwerer Rückfall kommt, muss aber nicht.
Kopfschmerz. Herz stabilisieren, mit Kräuterpulvern, unters Futter. Kei-
ne Tabletten. Schmecken eklig. Niemand hier will sie. Sie helfen natür-
lich, unterdrücken, aber stabilisieren nicht energetisch. Ich weiß nicht, ob
es mir angeboren ist. Die Veranlagung, empfindlich zu reagieren, viel-
leicht. Ich habe etwas Scharfes gerochen, damit ging es los. Habe es ein-
geatmet und es ging bis hinauf in mein Gehirn und hat meine Synapsen
gestört. Kann es nicht anders beschreiben.
Heilpraktiker mit Geräten und Nadeln. Ausleiten und stabilisieren.
Mein Herz klopft manchmal wild und ich habe es dann schwer, Luft zu
bekommen, aber das geht vorüber. Es wird besser, ich spüre das. Frau-
chens Liebe hilft am meisten. Und Herrchen. Sind alle gut zu mir. Die
anderen Katzen tun gut. Hier ist eine schützende Atmosphäre. Es kam
von außen. Kommt wieder in Ordnung. Sie sollen sich beruhigen und
Ruhe ausstrahlen. Es gibt ein Dosenfutter, das ich sehr gern mag, die an-
deren Sorten nicht so. Am liebsten mag ich rohes Fleisch, mit Haferflo-
cken und einer Crème gemischt. Möchte jetzt wieder schlafen. Hier ist
viel Liebe. Auf beiden Seiten. Danke. Sag Ihnen, dass wir uns hier sehr
wohlfühlen als Katzen. Sie sollen aber auf ihre Energien achten und für
sich auch sorgen. Strahlung. Uns gefällt es. Ihnen tut es nicht gut an
manchen Stellen."

Protokoll vom 19. November 2004

„Sie haben mich falsch verstanden, nicht richtig ausgeführt, dachten, es
würde dann so gehen. Es war alles gut am Anfang, ja Erleichterung ge-
spürt. Wärme. Ich brauche kühle Farben wie Grün und Blau um mich
herum und ein helles Rotorange. Damit immer nur kurz leuchten, aber
Grün und Blau gern länger. Licht und Farben, tun mir gut. Heilpraktiker
bitte, dringend.
Blitze im Kopf und manchmal wird mir schlecht dabei. Alles dreht sich.
Ist ein wenig anders als vorher. Haben es zu wenig ernstgenommen, soll-

ten doch mit mir zu den Nadeln gehen und die Kräuter besorgen. Muss einen kühlen Kopf bewahren. Das spezielle Kräuterpulver und die Meridiane stimulieren (Moxa?), das ist das Wichtigste. Ich bin verliebt. Möchte nichts um meinen Hals tragen, was mich einschnürt. Es gibt Steine, die ich mag. Frauchen kann das Wasser, das ich trinke, damit baden. Mit so einem Stein, ihn hineinlegen. Heilkraft. Und Sonne. Tun gut. Brauche Futter, das mich stärkt. Gelbe Paste ist gut. Keine Aromastoffe. Künstliches Futter. Haben das Futter gewechselt, war nicht gut. Aber gut gemeint. Sie sollen unbedingt die Behandlung fortsetzen und sich wenig Stress machen.

Möchte gern auf dem Schoß liegen und kuscheln, oder in der Sofaecke. Brauche Ruhe. Habe großen Durst.

Möglichst wenig Chemie im Haus bitte, auch nicht in den Futterdosen. Ich bin zwei Katzen, ich ziehe negative Ströme hier ab aus dem Haus. Rot um meinen Hals tut mir nicht gut.

Meinen Kreislauf stärken. Möchte viel schlafen, Kühle ist angenehm manchmal. Zu viel Wärme tut mir nicht gut. Möchte bei ihnen sein. Sie tun mir gut mit ihrer Nähe. Nicht Sorgen machen, Bilder malen von mir, wie ich gesund bin. Projizieren auf mich und mein kleines Hirn, wie es mir gut geht, sie sollen sich das vorstellen. So kann Heilung, Linderung geschehen. Ich bin schwächer als damals. Aber es wird helfen. Sie sollen das Versäumte nachholen. Ich bin ja bei ihnen. Sie sollen mich ruhig mal wieder rauslassen, will gern Mäuse fangen oder zumindest riechen. Sie sollen aber dabeisein. Mich nicht aus den Augen verlieren, falls ich umfalle. Herz stärken und Kreislauf. Nieren. Kollapsgefahr.

Vorsichtig die Ohren massieren, das mag ich, tut mir gut und schafft Ausgleich.

Bin sehr müde manchmal, aber ich spüre Erholung. Es kann ein Wechsel geschehen. Sie tun ihre Aufgabe. Lernen. Ich bin hier an einem guten Platz. Hier ist es gut. Ich mag sie sehr. Sollen zusammenbleiben. Vertrage Milch nur stark verdünnt. Stark verdünnte Sahne ist besser.

Fischiges mag ich gern, aber zu viel Salz tut mir nicht gut. Mineralien,
Natursalz muss es sein. Steine."

Kommentar von Familie Zühlke

„Die Protokolle von Moritz haben uns zu der Zeit sehr geholfen.
Moritz geht es im Moment sehr gut. Die damaligen Anfälle haben
dank Karins Hilfe und der einer ganzheitlichen Tierärztin mit Homöopathie, Akupressur und Bachblüten nach einiger Zeit aufge-
hört. Er hatte dann ungefähr zwei Jahre lang keine Anfälle mehr.
Letztes Jahr ab September ging es wieder los. Regelmäßig ca. einmal pro Woche bekam er wieder einen epileptischen Anfall. Unsere Tierärztin machte uns aber Mut, dass Moritz mit den Anfällen leben und alt werden könnte – wenn wir damit leben könnten. Da wir
durch die damalige Abklärung in der tierärztlichen Hochschule
wissen, dass seine Anfälle nicht organisch bedingt sind, geben wir
ihm keine Medikamente.
Mit viel Liebe und Hilfe von Bachblüten ist er jetzt seit acht Wochen
wieder anfallsfrei! Wir freuen uns sehr mit ihm und hoffen, dass es
ihm weiter gut geht.
Moritz ist jetzt sechs Jahre alt. An den Protokollen hat uns am meisten beeindruckt, dass unser Garten ziemlich gut beschrieben wurde. Außerdem wurden Ihre bzw. Moritz' Ratschläge möglichst be-
folgt – und das hat ihm gutgetan. Mit ganz lieben Grüßen!"

Renate und Burkhard Jachmann-Zühlke, Peine

Risiken und Nebenwirkungen dieses Buches

Kennen Sie den Unterschied zwischen mitfühlen und mitleiden? Mitfühlen, Einfühlungsvermögen und der Wunsch dazu sind unabdingbar für eine gute Kommunikation. Wenn Sie für das Tier nichts empfinden, mit dem Sie Kontakt haben wollen, wenn Sie kein Interesse an ihm haben, warum sollte es dann mit Ihnen Kontakt wünschen, Ihnen womöglich sein Herz ausschütten und aus dem Nähkästchen plaudern ...?

Mitleiden aber bringt nichts. Weder unserem Gegenüber noch uns. Es hilft nichts und niemandem und schwächt unglaublich – unsere eigene Energie.

Stellen Sie sich mal vor, Sie wären Therapeut. Und quasi jedes Mal, wenn Ihnen ein Klient seine Lebensgeschichte erzählt, brechen Sie weinend neben der Couch zusammen. Frage eins: Wie seriös wirkt das auf den Klienten? Würden Sie an seiner Stelle da je wieder hingehen?

Und Frage zwei: Wie lange glauben Sie, das durchhalten zu können, ohne selbst ein Fall für die Therapie zu werden?

Also brauchen wir ...

Schutz und Erdung

Wenn Sie konsequent weiterdenken, dass und was Tiere empfinden und dass und wie wir uns miteinander verständigen können, ist Ihnen auch klar, dass es da nicht nur rosarot gibt.

Das Training unserer Zirbeldrüse ist keine einspurige Straße. Wir werden ja nicht nur sensibel und empfänglich für die schönen

Empfindungen unserer Tiere. Wir können den Rest nicht ausgrenzen. In den allerseltensten Fällen sind wir vierundzwanzig Stunden am Tag mit unserem Haustier zusammen oder kennen es von Geburt an. Und welchen Sinn hätte eine ehrliche Kommunikation, wenn wir das aussparen würden, was unsere Tiere sonst noch bewegt? In guten wie in schlechten Zeiten ... Wenn wir uns nicht interessieren für die echte, die ehrliche Antwort auf unsere Frage: „Wie geht es dir?", dann brauchen wir sie gar nicht erst stellen.

Dazu kommt: Wenn wir unsere Sensitivität, also Empfänglichkeit, für telepathische Signale aller Art trainieren, wir sie auch unwillkürlich im übrigen Alltag spüren werden.

Wir sind tagtäglich überall von Schwingungen umgeben. Von Energien, die auch beispielsweise unsere Mitmenschen unwillkürlich aussenden.

Wundern Sie sich nicht, wenn Sie auch dafür sensibler werden, dünnhäutiger. Vielleicht kennen sie das Gefühl, sich in großen Menschenmengen unwohl zu fühlen, sei es im Supermarkt, im Konzert oder im Stadion. Vielleicht lässt es Sie nicht unbeteiligt, wenn Sie auf der Autobahn einem Tiertransporter begegnen, oder im Fernsehen schlimme Nachrichten sehen. Das könnte sich steigern. Darum ist es wichtig, dass Sie lernen, sich zu schützen.

Eines Morgens bekam ich einen Anruf meiner Nachbarin Antje Caruso. Ihr Siamkater war anscheinend beim Versuch, über ein Kinderschutzgitter zu springen, verunfallt. Sie hatte ihn energetisch und homöopathisch bereits gestützt und nun schlief er leicht benommen. Sie machte sich Sorgen, ob seine Pfote gebrochen war und fragte, ob ich zu einem Tierarztbesuch raten würde. Die Informationen, die ich bekam, als ich mich bei Leonidas auf Distanz einklinkte, hatten eine ganz andere Priorität: Er übermittelte mir rasende Kopfschmerzen, mir wurde speiübel, alles drehte sich, mein Kreislauf schwächelte und ich war froh, dass ich einigermaßen sicher auf meinem Schreibtischstuhl saß ... morgens um halb acht, irgendwo zwischen Katzen füttern, Kind für den Kindergarten zurechtmachen, Frühstück vorbereiten und Pferdestall hatte ich meinen energetischen Schutz vernachlässigt, was ich ganz schnell nachholte. Die Symptome waren für mich weiter eindeutig fühlbar, aber sie waren nun wieder gut gefiltert und abgeschwächt.

Ich empfahl Antje dringend, Leonidas sofort vorsichtig ins Auto zu verfrachten und als Notfall zu unserer Tierärztin zu bringen. Er war auf den Kopf gefallen, stand unter Schock und sein Kreislauf drohte zu kollabieren. Antjes Kinder nahm ich mit zum Kindergarten und fuhr ihr dann hinterher in die Praxis. Dort bestätigte sich das Ergebnis meiner Kommunikation bis ins Detail. Ich diente der Tierärztin quasi als Simultandolmetscher für Leonidas' Symptome und so kam der Kater gleich an den Tropf und konnte gut stabilisiert werden, was ihm vermutlich das Leben rettete. Ich hätte ihm wohl kaum genützt, wenn ich mit flauem Magen und Kreislaufschwierigkeiten handlungsunfähig auf der Couch gelegen hätte.

Lichtdusche und Lichtmantel

Da draußen lauert kein Feind und wir sind nicht im Krieg. Es geht nicht um Schutz in einem solchen Sinne. Je intensiver wir aber mit der Zirbeldrüse arbeiten, desto dünnhäutiger werden wir. Es geht also vielmehr darum, dass wir quasi kälteempfindlicher werden. Also müssen wir mehr als andere an Schutzkleidung denken. Eine warme Jacke sozusagen. Es geht ja auch niemand im T-Shirt ins Freie, wenn es draußen minus zwanzig Grad hat. Also ist unser Ziel, uns eine Art Mantel zuzulegen, der uns vor der Kälte schützt – um mal im Winterbild zu bleiben. Dieser Mantel lässt nichts durch, was uns „frieren" lässt, er sorgt vielmehr für wohlige Wärme.

Am schönsten finde ich einen Lichtmantel – so einen sollte jeder haben. Licht gibt es unbegrenzt und für jedermann gratis im Universum, es schützt hervorragend, trägt nicht auf, steht Ihnen supergut und kommt nie aus der Mode.

Kreieren Sie sich ein Bild, das Ihnen guttut: Diesen Lichtmantel, und wie Sie ihn anziehen, stellen Sie sich das in allen Einzelheiten vor. Oder machen Sie sich eine Lichtdusche zum täglichen Ritual. Lassen Sie Licht aus dem Universum auf Sie herabregnen, fließen, strömen, Sie einhüllen wie in einem Lichtkegel oder Ballon, stellen Sie sich eine Lichtkugel oder eine Licht-Lotion wie eine schützende zweite Haut vor.

Manifestieren Sie den Schutz aus Licht, indem Sie Ihre eigene Kraftformel schaffen und dazu sprechen.

Gönnen Sie sich diesen Schutz. Seien Sie sich dieses Licht, dieses tägliche Ritual wert, und schützen Sie sich insbesondere vor jeder Tierkommunikation, die Sie eingehen.

Das ist quasi Ihre Arbeitskleidung – damit Sie zum Wohl des Tieres auch gut arbeiten können.

Und was heißt Erdung?

Geerdet sein heißt Bodenhaftung haben, nicht abheben. Je mehr wir mit uns mit Dingen beschäftigen, die wir nicht anfassen können, weil sie eher im feinstofflichen, im spirituellen Bereich anzusiedeln sind, desto wichtiger ist für uns ein Ausgleich. Suchen Sie sich Erde zum Anfassen: Topfen Sie Blumen um, graben Sie im Garten, töpfern Sie, machen Sie einen Waldspaziergang, misten Sie einen Stall aus oder stellen Sie sich vor, wie Sie sich buchstäblich erden, indem Sie ab und zu in einer Meditation Ihre Wurzeln ausfahren und Kraft von Mutter Erde beziehen.

Die Großmutter von Anny Dupery hat das ihrer Enkelin in dem Buch „Das Glück, von einer Katze gefunden zu werden" so schön mit auf den Weg gegeben: *„Tu, wonach dir ist! Was du tust, erscheint manchem unnütz, weil es nichts mit Verstand und Vernunft zu tun hat. Dafür gibt es keine Worte, es ist ein Kontakt, ein Eintauchen, es lässt sich nicht fassen. Du musst den Teig des Lebens mit den Händen greifen. Nimm, knete, nähre, pflanze! Wenn du Jahr für Jahr die Blumen pflegst,* *bist du in Berührung mit der Erde und den Jahreszeiten, und wenn du Geduld und Zeit brauchst, ist das nur gut für dich. Die Kräfte, die du in deinem Garten gewinnst, sind größer als die, die du einsetzt. Und diese Tiere nähren dich mindestens so sehr wie du sie. Sich mit dem beschäftigen, was wächst, stirbt, blüht, überlebt, heißt sich der Natur nähern, dem großen Mysterium, an dem wir alle teilhaben. Es heißt, die Furcht vor der Stunde zu bändigen versuchen, in der du selbst in die große Wiege des Ursprungs, in die Erde, zurückkehren wirst. Es heißt alles."*

Meditation zwei: Gedankenreise zu Ihrer Katze

Und wenn Sie keinen Übungspartner haben? Na, spätestens dann kommt Plan B: Die Katze. Wer vorher mit menschlichem Partner geübt hat, macht hier einfach weiter. Und wer keinen gefunden hat, fängt hier an:

Setzen Sie sich bequem hin. Schließen Sie die Augen und gehen Sie mit jedem Atemzug mehr nach innen. Nun stellen Sie sich vor, wie Sie sich neben Ihre Katze setzen.

Seid ihr drin oder draußen? Welche Tageszeit ist es?

Was macht Ihre Katze gerade? Sonnt sie sich? Hat sie sich eingekuschelt? Hebt sie den Kopf und schaut Ihnen erwartungsvoll entgegen? Sehen Sie genau hin. Spüren Sie hin. Was für Einzelheiten fallen Ihnen auf?

Wie sieht es draußen aus? Ist es hell oder dunkel, kalt oder warm – weht der Wind oder ist es still? Singen Vögel, hören Sie Straßenlärm? Achten Sie auf alle möglichen Einzelheiten, auf Geräusche, auf Gerüche. Was passiert um Sie herum? Wie fühlt sich Ihre Katze? Und wie fühlen Sie sich? Seien Sie ganz nah bei Ihrem Tier. Nehmen Sie Körperkontakt auf, wenn Sie mögen. Streicheln Sie Ihre Katze.

Genießen Sie die Wärme des Fells. Das Schnurren. Hören Sie die Stimme Ihrer Katze, wie sie Sie begrüßt, achten Sie auf ihre Körpersprache, ihre Gesten und Laute, den Geruch ihres Haarkleides. Wie ist es, wenn Sie Ihrer Katze jetzt gegenübersitzen? Was macht sie gerade? Wie verhält sie sich Ihnen gegenüber? Sie haben ein Leckerli dabei, ein Stückchen Käse vielleicht. Wartet Ihre Katze nun schon ganz aufgeregt? Oder ist sie zurückhaltend und freut sich still? Probieren auch Sie ein Stückchen von dem Käse. Nehmen Sie ihn in den Mund. Können Sie ihn schmecken, fühlen, riechen? Spüren Sie, wie Ihnen das Wasser im Mund zusammenfließt. Und wie ist das, wenn Sie Ihrem Tier seinen Teil geben? Schlingt es gierig oder genießt es vorsichtig? Wie nimmt es Ihnen das Leckerchen aus der Hand?

Wie fühlen Sie sich, hier zusammen mit ihrer Katze? Wie fühlt sie sich? Nehmen Sie alles ganz genau in sich auf.

Streicheln Sie weiter, wenn es Ihnen beiden angenehm ist. Fühlen Sie in Ihren Gefährten hinein. Spüren Sie genau hin. Wie geht es ihm? Was denkt er oder sie gerade? Was geht Ihrem vierbeinigen Freund durch den Kopf? Bleiben Sie noch einen Augenblick und genießen Sie das friedliche Beisammensein.

Worauf sitzen Sie eigentlich, wie fühlt sich das Material an? Ist es hart oder weich? Sind noch mehr Tiere bei Ihnen im Raum? Wie reagieren sie auf die Begegnung? Oder sind Sie ganz allein? Ungestört ... Zeit lassen.

Was für Bilder kommen Ihnen in den Sinn? Was für Gefühle nehmen Sie wahr? Von Ihrer Katze, von sich selbst?

Wenn sich der Zeitpunkt richtig anfühlt, stehen Sie auf. Verabschieden Sie sich und gehen Sie langsam den Weg zurück, den Sie gekommen sind. Wie geht es Ihnen jetzt?

Schauen Sie sich noch einmal um. Hat sich etwas verändert an Ihrer Wahrnehmung? Wie ist es mit den Gerüchen, den Geräuschen, mit dem, was Sie sehen? Prägen Sie sich alles ein. Die Farben, das Wetter, alle Kleinigkeiten.

Und dann kommen Sie langsam zurück ins Hier und Jetzt.

Fühlen Sie Ihren Körper. Ihre Beine, Füße, nehmen Sie Kontakt mit dem Boden auf.

Atmen Sie tief durch und kommen Sie zu sich.

Verschnaufen Sie einen Augenblick, und dann öffnen Sie die Augen.

Auch bei unseren tierischen Gefährten gilt es, sich einzustimmen, eine Gedankenbrücke zu bauen und entspannt loszulegen. Dabei spielt es keine Rolle, ob Ihre Katze gerade döst, sich putzt, frisst, zwischendurch ins Nebenzimmer verschwindet oder von vornherein außer Sicht ist. Denken Sie daran: Die Gedankenbrücke steht auch ohne Sichtkontakt. Sie kennen Ihr Tier ja, Sie haben die Telefonnummer quasi auswendig in sich. Daher brauchen Sie bei einem Ihnen bekannten Tier auch kein Bildtelefon (damit meine ich eine optische Direktverbindung oder Foto). – Es sei denn, es macht Sie sicherer. Dann gilt natürlich auch an dieser Stelle: Nehmen Sie sich, was Ihnen guttut, um entspannt zu sein und locker kommunizieren zu können.

In der Regel ist es vorwiegend der Mensch, der sich durch „Störfaktoren" ablenken lässt. Die Tiere um uns herum sind „multitaskingfähig" – sie können vieles gleichzeitig und können hervorragend selektiv wahrnehmen.

Übungen mit den Samtpfoten

Stufe eins aus den Paarübungen können Sie mit einem tierischen Übungspartner ganz genauso anwenden.

Bei **Stufe zwei** fangen Sie erstmal mit dem Senden kleiner Botschaften an. Nehmen Sie doch einmal einen Leckerbissen Ihrer Katze und verstecken Sie ihn. Dann nehmen Sie Kontakt zu Ihrer Katze auf und senden ihr, wo Sie das Leckerchen finden wird.

Machen Sie die ersten Übungen ruhig ganz offensichtlich und einfach für Ihre Samtpfote, damit sie überhaupt empfangsbereit wird (auch als Katze rechnet man ja nicht zwangsläufig damit, nach Jahren des Schweigens plötzlich telepathisch angepiept zu werden!) und damit Sie beide sich gut aufeinander einstimmen.

Dieses Spiel können Sie natürlich vielfältig variieren. Üben Sie bewusst, auch Bilder, Geruch, Gefühle und Geschmack zu übermitteln.

Laden Sie Ihren Stubentiger zum Spielen oder Gestreicheltwerden ein. Stellen Sie sich das vor, was Ihre Katze tun soll, und wie schön sich das für Sie beide anfühlt: Wie Ihre Katze auf Sie zukommt, Köpfchen gibt, schnurrend auf Ihren Schoß springt, nestelt, oder was immer Sie beide für Begrüßungsrituale haben.

Natürlich können Sie auf die gleiche Weise auch das Empfangen üben: Bitten Sie Ihre Katze doch einmal, Ihnen zu zeigen, wo sie sich grade in der Wohnung oder im Garten befindet. Das Ergebnis können Sie dann sogar wunderbar überprüfen, aber Achtung, dazu ab Seite 77 *Perspektive, Zeit und andere Illusionen* lesen. Denn oft zeigt uns die Katze auch, wo sie eben noch war oder wo sie generell gern liegt.

Natürlich können Sie auch einfache Fragen stellen: Nach dem Lieblingsfutter, Lieblingsspiel, Lieblingsschlafplatz, Lieblingsbeschäftigung ...

Stufe drei: Steigern Sie ganz allmählich den Schwierigkeitsgrad. Jetzt können Sie auch nach dem Gesundheitszustand fragen. Bitten Sie Ihre Katze, Ihnen ein Körperteil oder Organ zu zeigen, an dem es vielleicht „klemmt" – oder erlauben Sie ihr, Ihnen über eine Körperwahrnehmung bei sich selbst zu erspüren, wo vielleicht etwas wehtut. Keine Angst! Es tut nicht weh. Tiere können sehr gut dosieren, und die Katze hätte ja auch nichts davon, wenn Sie vor lauter Halsweh gar nicht mehr kommunizieren könnten oder wollten.

Stufe vier: Fragen Sie Ihre Katze, was sie auf dem Herzen hat, was sie Ihnen gern von sich aus erzählen möchte. Lassen Sie einfach fließen, was kommt und immer wieder gilt: Schreiben Sie alles auf! In jeder Kommunikation, die ich im Auftrag für Dritte führe, ist diese Stufe vier tatsächlich mein allererster Arbeitsschritt. Um möglichst unvoreingenommen arbeiten zu können, sehe ich mir Fragen des Tierbesitzers grundsätzlich erst hinterher an.

Vieles ist danach schon beantwortet, bei anderen Themen stellt sich heraus, das es nicht unbedingt deckungsgleich ist, was das Tier und was den Menschen bewegt oder interessiert.

Und ganz wichtig: Nach jedem telepathischen Kontakt zu einem Tier, nach jeder Kommunikation bauen Sie bitte den Draht, die Antenne, Ihre Gedankenbrücke – was auch immer Sie für ein mentales Bild für die Verbindung zum Tier benutzen – ganz bewusst wieder ab!!

Anfangs ist uns das vielleicht noch nicht so klar, weil der Kontakt eher schnell von allein wieder abreißt. Wenn Sie aber „geschulten sechsten Sinnes" ständig mit ausgefahrenen Antennen und auf Empfang durchs Leben laufen, entspricht das in etwa einem Schild, auf dem steht: Quatscht mich alle gleichzeitig zu – immerzu, jederzeit. Glauben Sie mir, das wird schnell unangenehm und hilft niemandem. Es geht einfach nur an die Substanz.

Nissi und Linda

Nissi ist ein 10 Jahre alter Kater-Senior

„Ich bin die schönste Katze. Weiß Bescheid. Putze mich gern und viel, damit ich immer sauber bin. Sauber ist hier wichtig. Wir sind alle schön und sauber. Meistens jedenfalls. (Er blickt ein bisschen spöttisch auf Sammy.) Er ist eben nur ein Hund aber dafür doch recht weit entwickelt, das rechne ich hoch an. (Sammy bellt dazwischen und will Nissi zum Spiel auffordern, als ob er über beide Ohren grinst). Ja ja, schon gut, wir

sind ein eingespieltes Team geworden und werfen uns Bälle zu. Uneinig-
keiten gehören dazu, aber wir haben die Familie im Griff. Meine Welt ist
die Nacht. Tagsüber schlafe ich nur. Meist jedenfalls. Ich schlafe ohnehin
viel. Man kommt in die Jahre. Zucker ist eher mein Problem, ich werde
behäbig, lagere viel in den Nieren ein, wie es scheint. Aber es läuft alles
wunderbar. Wir ziehen bald wieder um. Das wird Sammy freuen, er mag
die Wohnung hier nicht besonders, würde es aber nie zugeben. Sie ist ste-
ril und da sind Dämpfe. Nur so ein wenig. Aus dem Teppich, der ist zu
neu, Lösungsmittel. Aber nicht so gefährlich, nein, wir kommen schon
klar. Aber ihr spürt einfach so viel weniger als wir, was uns und auch euch
guttut. Oder lebt ihr nur so wenig danach? Ich begreife Menschen nicht,
aber sie sind eine spannende Spezies. Ich beobachte euch viel und denke
nach. Dazu hat mir dieser Körper viel Möglichkeit gegeben. Benzin zum
Beispiel, Gas, furchtbarer Geruch. Ätzt mir in der Nase. Frauchen ist so
fein und sensibel, das ist toll. Die Kinder geraten nach ihr und ihm. Beides ist schön. Sie haben viel Leben und sind klug. Aber auch anstrengend
manchmal. Sollten wieder ein wenig mehr zur Ruhe kommen. Ich bin
schon von Anfang an dabei. Sie kennt mich gut, aber ich sie besser. Wir
sind viel umgezogen und haben einiges erlebt und gesehen. Doch, ich war
IMMER dabei. Mein ist die Welt, auch wenn ihr Türen hinter mir ab-
schließt. Ich komme doch immer durch, rein gedanklich. Warum schlafen wir wohl so viel? Wir erleben Dinge. Sie soll dir ruhig was schreiben
für dein Buch. Du kannst es ja übersetzen, wenn sie sich nicht traut in
deiner Sprache. Aber sie kann das gut. Ist ja auch mein Mensch (sagt der
Kater mit Stolz!).
Ich bin zufrieden mit meinem Sein. Etwas Entwässerndes vielleicht,
pflanzlich, später. Ist nicht dringend. Sie kann sorgenfrei sein. Wir werden es alle nicht mehr erleben. Ich mag gern frischen Fisch, keine Auftau-
ware. Soßen sind nicht so meins, aber vernascht bin ich auch. Viel Wasser. Das richtige und am richtigen Ort. Sie kann so viel für sich selbst tun.
Feinstoffliche Energien. Es kommt noch viel Wissen in ihre Umgebung.
Sie wird noch viel lernen und es wird ihr leicht fallen. Auch Dinge anzu-

nehmen. Sie ist eine reife Seele. Wir lieben und schätzen und achten sie
sehr. Soll mehr das ihr Zustehende einfordern, auch von ihrem Mann.
Der macht das schon. Sie macht sich zu viele Gedanken. "

Kommentar von Linda

„Es war so schön, diese E-Mail von Karin zu bekommen. Ich habe
das Protokoll immer und immer wieder gelesen und Nissi an-
geguckt. Was für eine Katze! Es stimmt wie geschnitten. Ich hätte
mir es nie vorstellen können, dass er von so was erzählt. Was er
über mich sagt, hat mich am meisten gefreut. Ich bin so dankbar
für die Zeit, die wir miteinander verbringen konnten. Nur leider ist
die Zeit abgelaufen und ich habe ihm ein Gedicht geschrieben.
Liebe Grüße!"

Danke Karin und Danke Nissi
Dein Atmen ist langsam und schwer
Ich knie mich neben dich hier
Tränen fließen weil ich weiß
Es ist soweit
Ich mache die Kerze an
Dein Atmen hält an
Ein stilles Gebet weil du ins Licht gehst
Zwölf Jahre bedingungslose Liebe
Lässt du hinter dir hier
Was will ich mehr
Ich lasse dich gehen

Linda Unland, Bünsdorf

Perspektive, Zeit und andere Illusionen

Unsere Tiere können manchmal ziemlich hartnäckig sein, wenn es darum geht, uns etwas mitzuteilen. Wenn sie es telepathisch nicht schaffen, suchen sie sich andere, manchmal recht plastische oder sogar drastische Wege. Uns als Katzenfreunden fällt da sicher gleich das Markieren ein.

Wenn sich ein Katzenhalter mit der Bitte um eine Kommunikation an mich wendet, weil sein Samtpfotenträger unrein ist oder plötzlich Topfpflanzen und Teppiche mit dem Katzenklo verwechselt, drängt sich mir förmlich gleich die Frage auf: Was ist anders?

Auch da hilft es uns, die Wahrnehmung geschult zu haben, und die Welt einmal aus Katzenaugen zu betrachten.

Wie wir die Wirklichkeit betrachten, ist immer eine Frage der Perspektive. Katzen berichten verständlicherweise aus ihrer Sicht auf die Welt. Und da müssen wir manchmal umdenken, um Antworten zu finden.

Das bringt uns auf fünf wesentliche Punkte:

- ► Tiere berichten aus ihrer Perspektive der Dinge
- ► Sie erzählen, was ihnen wichtig ist
- ► Sie springen scheinbar in der Zeit hin und her
- ► Manchmal wird ein Soll- oder Soll-Nicht-Zustand als Ist-Zustand beschrieben
- ► Tiere leben im Hier und Jetzt

1. Perspektiv

Es gibt keine absolute Wahrheit. Wenn ich beispielsweise sage: Heute ist ein schöner Tag. Dann trifft das auf mich zu, auf meine Wahrnehmung, meine Empfindungen und die mich betreffenden Umstände. Ich empfinde diesen Tag als schön. Das ist rein subjektiv. Es ist meine Perspektive der Dinge. Für jemand anderen kann derselbe Tag durchaus weniger schön sein. Letztlich interpretiert jeder von uns in einen Tag alles Mögliche hinein. Heute sind wir Optimist oder Pessimist, Hochstapler oder Tiefstapler ... und morgen kann das schon wieder ganz anders aussehen (siehe auch Punkt fünf). So geht es natürlich auch und erst recht unseren Tieren. Wenn sie uns mitteilen, dass sie „viel zu wenig beachtet werden", dass „alles langweilig ist" oder wir „immer so spät aufstehen", dann sollten wir das nicht mit einem entrüsteten „Stimmt doch gar nicht" abtun, sondern zugestehen, dass unsere Katze es so empfindet und uns darauf einlassen. Erst der nächste Schritt wäre dann zu überlegen, ob und was wir daran ändern können. Und glauben Sie mir, vieles von dem, was wir schnell als „Geht nicht" abtun, geht in Wirklichkeit doch. Wir müssen nur wollen. Wie so oft auch sonst im Leben geht es darum, mutig zu ändern, was man ändern kann; hinzunehmen, was man nicht ändern kann, und die Weisheit zu entwickeln, das eine vom anderen zu unterscheiden.

2. Wichtigkeit

Ähnliches gilt für die Feststellung, dass unsere Katzen (logischerweise) mitteilen, was *ihnen* wichtig ist. Das muss absolut nicht deckungsgleich sein mit dem, was uns wichtig ist. Warum sollte mir eine dreibeinige Katze erzählen, dass sie nur drei Beine hat? Damit lebt sie. Ich kann diesen Zustand ohnehin nicht ändern und das weiß sie. Wenn sie Beschwerden hätte, gäbe es einen triftigen Grund, mir darüber etwas mitzuteilen. (Oder es mir dann erst recht nicht herüberzufunken, damit Frauchen sich nicht gleich wieder tausend Sorgen macht – dann ist ihr das wichtiger, und auch das gibt es und wir sollten ihr das zugestehen ...). Sie wird sich vermutlich eher über ihre und Frauchens/Herrchens Lebenswelt, Alltag, Probleme, Sorgen, Nöte, Futter, Schlafplatz, die Vögel im Garten oder den Duft von Mäusen auslassen – als über die Außenpolitik der USA oder die Arbeitslosigkeit im Osten. Natürlich ist meiner Katze ihr Futter wichtig. Immerhin bin ich der Dosenöffner, ich habe die Macht in meinen Händen, ihr das eine oder das andere hinzustellen und die Menge zuzuteilen. Das weiß sie ganz genau. Wie für jede Art kommt die Deckung der Grundbedürfnisse (Essen, schlafen, Wohnen, Fortpflanzung) und das Darüberreden an erster Stelle. Allerdings machen sich Katzen durchaus so ihre Gedanken über uns Menschen und womit wir uns so tagein, tagaus belasten – von Wohngiften bis Sorgen im Job. Wenn zwei Spezies miteinander in Kontakt treten, können sie viel voneinander lernen – immer vorausgesetzt, die Bereitschaft dazu ist da. Dazu passt auch diese berührende Geschichte von Ulrike und Malika ...

Malikas Geschichte

„Malika, eine wunderschöne dreifarbige Katze, kam zu mir an einem ungemütlichen Herbsttag. Ich hatte während meines Studiums einen Nebenjob als Modell in einem Malkurs und an besagtem Tag saß ich Modell auf dem Fußboden und durfte mich nicht bewegen und da kam eine Katze durch das offene Fenster gesprungen, würdigte den gesamten Malkurs keines Blickes, setzte sich direkt auf meinen Schoß, fing an zu schnurren und blieb die nächsten fünfundzwanzig Minuten dort sitzen. Während sie auf meinem Schoß saß, fragte mich der Kursleiter, ob ich diese Katze nicht „haben" wolle, sie gehöre niemandem und suche noch

ein Quartier für den Winter. Bis zu diesem Zeitpunkt machte ich mir nicht viel aus Katzen. Ich liebte Pferde und Hunde, doch Katzen waren mir egal. Ich wohnte in einer WG, hatte wenig Geld und überhaupt nicht geplant, mir ein Haustier anzuschaffen. Und hörte mich zu meiner eigenen Verblüffung antworten, dass ich sie gerne für den Winter aufnehmen würde.

Am nächsten Tag habe ich sie abgeholt. Dieser Herbsttag ist nun mehr als 16 Jahre her, aus dem vorübergehenden Winterquartier ist so viel mehr geworden und Malika – wie sie fortan hieß – ist geblieben. Inzwischen gehören zu mir und meiner Partnerin noch viele andere Tiere, doch Malika hat einen ganz besonderen Platz in meinem Herzen.

Inzwischen ist sie fast zwanzig Jahre alt und in den letzten Jahren ist ihr Alter ihr auch immer mehr anzumerken. Ein paar Mal war sie schon sehr krank und mehrfach dachten wir, die Zeit des Abschiednehmens sei gekommen. Sie hat sich bislang jedes Mal wieder erholt und wir genießen die Zeit, die uns mit ihr verbleibt. Inzwischen kann sie fast nichts mehr sehen und hören, ihr Gleichgewichtssinn ist beeinträchtigt und ihr gesundheitlicher Zustand ist sehr labil. Jeder Infekt kann der letzte sein. Durch Malikas viele Krankheiten in den letzten Jahren habe ich mich viel mit ihrem möglichen Tod beschäftigt und es tat mir weh zu sehen, wie sie körperlich abbaut, wie ihre Sinne sie im Stich lassen – meine schöne, stolze Katze stößt sich den Kopf am Esszimmertisch, weil sie vergessen hat, dass er dort steht. Es ist schon viele Jahre her, dass sie ihre letzte Maus gefangen hat und sie, die immer eine rundliche Katze war, ist nun ein dünnes und zerbrechliches, altes Kätzchen geworden. Jeder Tag kann ihr letzter sein.

Und dann habe ich vor Kurzem auf einem Kurs von Karin Malikas Foto in die Runde gelegt, damit alle Teilnehmerinnen mit ihr sprechen können. Meine Frage an sie lautete, ob sie mir noch etwas sagen möchte. Ich meinte damit, bevor sie von uns geht.

Und was erzählt sie dort? Dass der Sommer endlich kommen soll, dass sie viel nach draußen geht, dass sie wild und frei, wachsam und neugie-

rig ist, dass sie viele Mäuse fängt und eine großartige Jägerin ist. So sieht
sie sich. Als die anderen Frauen mir mitteilten, was die Katze ihnen ge-
sagt hatte, begriff ich, dass Malika möchte, dass ich damit aufhöre, sie als
„fast schon tote Katze" zu sehen, sie will mir sagen, dass sie eine große
Jägerin war, ist und immer sein wird. Dass sie ein schönes Leben hat, des-
sen größten Teil sie gelebt hat und das in dieser Form in unserer Familie
bald enden wird, aber dass alles so ist, wie es sein soll und dass alles gut
ist und sein wird.

Als ich an dem Abend nach Hause kam, begrüßte mich Malika schnur-
rend, sie kam auf mich zu und strahlte alles aus, was sie den Frauen er-
zählt hatte. Da war sie wieder, meine wunderschöne stolze Katze, die
mein Leben mitgeprägt hat, mir so viel Liebe schenkt und geschenkt hat,
diese würdige, alte Katzendame, um die ich mich nicht sorgen muss und
die mir nicht leidtun muss, weil sie bald sterben wird, weil alles gut so ist,
wie es ist. Und weil ich nie wieder vergessen werde, was sie für eine groß-
artige Jägerin ist."

Ulrike Schulze, Kiel

3. Zeitbegriff

In der Quantenphysik heißt es ganz lapidar: So etwas wie Zeit gibt
es gar nicht. Das sei eine Konstruktion des Menschen, weil wir etwas zum Einteilen brauchen. Alles sei eigentlich gleichzeitig. Allein
der Blickwinkel des Betrachters präge das Bild. Unsere Wahrnehmung allein macht demnach etwas zu Gegenwart, Vergangenheit
und Zukunft. Jede Realität entsteht erst durch unser Bewusstsein.
Zeit vergeht subjektiv, dass wissen wir zur Genüge. Wir möchten
die Zeit gern anhalten, wenn etwas schön ist, weil es so schnell ver-
fliegt. Wenn uns langweilig ist oder wir Angst haben, dehnt und
zieht sie sich ewig. Der Sommer ist kurz, der Winter elend lang –
zumindest wenn er grau und nass ist ... Das kennen auch unsere
Tiere.

Wenn Sie das nachvollziehen können, gehen Sie noch einen Schritt weiter. Stellen Sie sich vor, Sie wären eine Katze, die noch nie die Möglichkeit hatte, ihrem Lieblingsmenschen etwas mitzuteilen. Viele Jahre des Schweigens sind mit einem Gongschlag zu Ende: Würden Sie nicht auch alles „durcheinander" von sich geben, was Ihnen irgendwie wichtig erscheint? Ob etwas (für Sie!) Einschneidendes dabei schon drei Monate oder vier Jahre zurückliegt, spielt da keine Rolle. Es geht nach dem Brainstorming-Prinzip. Alles muss raus, Reihenfolge egal, wer weiß, wann wieder jemand zuhört und mitschreibt.

4. Grammatik

Im Deutschen und den meisten anderen Sprachen der Welt gibt es diverse Möglichkeiten, nicht nur Zeiten, sondern auch Möglichkeiten auszudrücken: Die Möglichkeitsformen nennen wir Konjunktiv: wäre, würde, hätte, könnte. Katzen halten sich unter Umständen nicht mit solchen Kleinigkeiten auf. Sprache ist ja auch nur ein Konstrukt für unsere Gedanken, um ihnen eine äußere Form zu geben. Lange bevor wir sprechen lernen, fangen wir bereits an zu denken. Die Gedanken, die wir von unseren Tieren empfangen, bauen wir in Sprache um. Das geschieht im Idealfall automatisch, unwillkürlich, weil wir dann am wenigsten Gefahr laufen, gestalten zu wollen und dadurch den Sinn und Inhalt zu verfälschen. Wie beim Kuchenbacken: Der Teig ist derselbe und der Kuchen schmeckt auch identisch, egal ob wir ihn in eine Springform, eine Herzform oder eine Kastenform stecken – vorausgesetzt, er wird unter gleichen Bedingungen gebacken: mit Liebe und Know-how. Das Backen übernimmt zum einen der Herd, zum anderen der Bäcker.

Na, und wer ist was im Fall der Tierkommunikation? Zur Wahl stehen Gedankenbrücke/Verbindung und Sender/Empfänger.

Wenn mir eine Katze übermittelt, dass sie Fisch mag, kann das vielerlei bedeuten:
- dass sie ihn generell auf ihrem Speiseplan möchte
- dass sie ihn jetzt spontan im Moment haben möchte
- dass sie ihn bekommt und das toll findet
- dass es eventuell sogar ein anderer Fisch sein soll

Da gilt es also nachzuhaken, nachzufragen und auch darauf zu achten, was man mit seiner Fragestellung impliziert.
Und die Verneinungen sind ein Problem für sich, dazu kommen wir noch separat.

5. Präsens/t

Im Jetzt und Hier leben – danach streben wir letztlich irgendwie alle, denn nur so können wir wirklich präsent sein in der Gegenwart und das ist ein Geschenk. Darum heißt es wohl auch so Präsens – Präsent. Im englischen ist *present* das Wort für beides.
Gleichzeitig ist unser Vorderhirn stetig damit beschäftigt, zu planen, Zukunft zu konstruieren, Wünsche zu formulieren. Das erschwert das Ganze ein wenig. Mal hängen wir der Vergangenheit nach, mal machen wir uns Sorgen um die Zukunft oder malen sie uns in schillernden Farben aus. Tiere leben im und für den Augenblick. Das unterscheidet in gewisser Weise menschliches von tierischem Denken und erschwert uns manchmal ein wenig das Leseverständnis. Oft kommt etwas, das für den Augenblick gemeint ist, als Absolutheit daher.
Ja, und worauf können wir uns dann noch verlassen?
Darauf, dass es keine generellen Lösungen gibt. Es gilt immer, mit Offenheit und Verständnis in die Situation zu schauen. Hören Sie auf Ihren Bauch!

Eine Schülerin mailte mir vor Kurzem, dass ihr Vertrauen in ihr Pferd durch eine Kommunikation, die sie mit ihm führte, sehr angeschlagen wurde. Was war passiert? Der Wallach hatte seiner Besitzerin während ihrer Abwesenheit übermittelt, dass er den ganzen Tag drinnen sein musste und nur in Schrittgeschwindigkeit geführt wurde – statt wie vereinbart nach draußen gebracht und dort longiert zu werden. Daraufhin bat die junge Frau ihren Freund, das Pferd auch zu reiten, worüber sich das Tier sehr freute. Doch als die Besitzerin einen Tag später in den Stall kam, erfuhr sie, dass der Wallach sowohl draußen als auch drinnen in schnellerem Tempo longiert worden war: *„Was ist hier schiefgelaufen? Ich fühle mich total verunsichert, weil ich das Gefühl habe, dass ich mein Pferd nicht verstanden habe und/oder ihm nicht vertrauen kann. Ich habe mit ihm geschimpft und ihm erklärt, wie wichtig es für mich ist, hier die Tatsachen zu erfahren. Er wollte aber gern noch mal geritten werden. Das hätte er doch sagen können. Wie kann ich mit solchen Situationen besser umgehen?"* Die Denkweise eines Tieres ist für unser Verständnis vielleicht am ehesten mit der eines Kindes zu vergleichen. Es ist „unschuldig". Es lebt im Hier und Jetzt und bedenkt keine Konsequenzen seines Tuns – im Unterschied zum menschlichen Denken ... In seinen Augen war das Pferd eben sehr lange drin und dass es geführt wurde, stimmt ja auch. Was tut man denn anderes an der Longe?

🐾 Mogli, Lotte, Imre und Inga
Protokoll der Kommunikation mit Mogli

„Ich finde die Kleine spannend. Mag aber mehr auf Distanz bleiben. Ich habe versucht, Vater zu sein, aber das liegt mir nicht. Sie muss noch so viel lernen. Vielleicht wenn sie größer ist? Aber die beiden haben Angst davor, glaube ich. Nein, ich bin nicht direkt eifersüchtig. Das hätten sie schon gemerkt. Dann hätte die Kleine viel mehr Kratzer. Ich könnte sie ernsthaft verletzen, wenn ich wollte. Aber das brauche ich gar nicht. Ich

*setze subtile Signale. Es ist ein rätselhaftes kleines Wesen, das viel Zunei-
gung und Wärme braucht. Kann ich nicht geben. Bin keine Mutter.
Kann mit ihr spielen, wenn sie größer ist. Aber kann keine Nestwärme
ersetzen. Sie ist zu früh allein gewesen. Braucht eine Mama. Richtige
Mama. Schmusen, erziehen, großwerden. Die ihr alles zeigt und Wärme
gibt.
Sie bringt Leben in unsere Wohnung. Die beiden wuseln ganz schön um
sie herum. Das macht mich – na, nicht direkt eifersüchtig, aber ich beobachte das. Es irritiert mich ein wenig, dieses Gewese. Ich kann nicht direkt sagen ob es mir mit oder ohne besser oder schlechter geht. Distanz.
Ich halte Abstand und schaue es mir lieber an. Zu einem Kind kann keine dicke Freundschaft entstehen, solange es klein ist. Sicher ist es nett,
nicht allein zu sein. Aber das hier ist doch mein Revier, oder? Ich passe
hier auf in der Wohnung, wenn die beiden fort sind. Inspiziere die Räume und passe auf. Beobachte. Ich bin ein Beobachter. Mir wird hier nicht
langweilig. Da sind viele spannende Geräusche. Die Nachbarn, wenn es
klingelt. Was draußen los ist. Ich sehe und höre alles. (...) Ich brauche
kein Baby. Ich bin ein Einzelgänger. Hätte lieber eine Gefährtin ab und
zu. Nicht immer. Oder einen alten Freund, von dem ich lernen kann. Mit
meinem Spielzeug bin ich glücklich (er zeigt mir so was wie einen rosa
Ball und eine kleine Fellmaus).
Ich kann mit Katzenbabys nicht viel anfangen. Sie sind mir fremd. Klein
und komisch. Knäuel. Ich spiele anders. Kleine Wesen sind mir fremd,
wenn sie nicht Beute oder Spielzeug sind. Das Kleine braucht eine
Mutter.
Sie sind ein wenig überfordert, es uns beiden recht zu machen. Das Kleine braucht eine richtige Mutter.* Keinen Mann (damit meint er wohl
sich!).
*Ich mag matschiges Futter aus der Dose. Es soll angenehm riechen und
warm sein. Nicht aus dem Kühlschrank.
Wenn sie den Schlüssel umdrehen, weiß ich schon, wer da ist. Ich liebe
Ratespiele. Liege gern zu Füßen und spiele damit. Mag Schnüre, die von*

Pullis hängen. Mein Schwanz peitscht hin und her, wenn ich Spannen-
des beobachte. Wann gibt es mal wieder das weiße Schlabberzeug? Die
eine große Zimmerpflanze mit den langen schmalen Blättern stört mich.
Ich bin nicht so sehr das Schmusetier. Das ist nicht meine Funktion. Da-
für wäre die Kleine gut. Aber die braucht Hilfe, die ich nicht geben kann
und will.
Ich möchte draußen spazierengehen und viel Abwechslung haben, Ge-
meinschaft mit meinen Menschen erleben. Ich kann doch draußen Be-
kanntschaften schließen. Da gibt es einen Rotgetigerten. Den bewundere
ich. Große Sympathie."
(Auf seiner rechten Bauchseite ist irgendwas im Bereich innere Organe. Ich kann es aber nicht deutlich fassen. Ebenso Bereich Kehl-
kopf/Zähne ... Vielleicht fällt dir/euch dazu was ein? Sonst scheint
er aber „pumperlgsund" zu sein, euer Mogli).

Protokoll der Kommunikation mit Lotte
„Ich bin noch nicht richtig hier und schon wieder halb weg. Große Unsi-
cherheit. Der Große mag mich nicht besonders. Fremdes Wesen. Keine
Anlehnung. Brauche Liebe. Wärme. Finde keine Geborgenheit. Wer lehrt
mich? Wo ist Mama? Hilflosigkeit. Die Menschen sind kuschelig. Sie
mehr als er. Großes Durcheinander. Pappkartons, Nässe, feucht, kalt.
Verwirrung, immer noch. Mache ich alles richtig? Warum wollen die
mich nicht komplett? Geschwister auseinandergerissen. Haben nicht al-
le überlebt. Wo ist Mama? Alles dunkel. In meinem Magen sitzt
Schmerz. Hatte Durchfall. Erkältet. Fühle mich allein, wenn sie nicht da
ist. Versuche, mich an den Großen zu halten. Fremd. Keine Annah-
me/Angenommenheit."
(Wann ist die Kleine zuletzt entwurmt worden und womit? Kann es
sein, dass Magen/Darmtrakt durcheinander sind? Was die Erkäl-
tung angeht – ist sie gegen Katzenschnupfen geimpft? Weiß nicht,
ob das akut ist oder älter. Sie ist auf alle Fälle viel zu früh von der
Mutter weggekommen ...)

Kommentar von Imre und Inga

„Wir hatten schon länger den Plan, uns zu unserem Kater Mogli ein
kleines Kätzchen zuzulegen – in der Annahme, dass einem altern-
den Kater die Gesellschaft einer jungen Katzendame vielleicht gut-
täte. Tatsächlich reagierte er ganz anders: schroff, abweisend, ge-
langweilt. Wir waren uns unsicher, ob unsere Entscheidung richtig
war oder ob Mogli uns das übelnimmt und lieber alleine bleiben
will. Daraufhin baten wir Karin, die Meinung von Mogli über die
kleine Lotte einzuholen – und siehe da: Er wollte sie nicht, und er
hatte seine Gründe. Und die kleine Lotte hatte großes Heimweh
und war völlig durcheinander.

Das war schon erstaunlich. Karin wusste praktisch nichts über unseren Kater und seine Lebenswelt. Sie hatte ihn noch nie gesehen
und kommunizierte übers Foto, kannte unsre Wohnung nicht.
Trotzdem stimmten seine Äußerungen bis ins Detail. Das »weiße
Schlabberzeug«, von dem die Rede ist, ist keine Milch (die kriegt er
nicht), sondern Schinkenränder, die er sehr liebt. Die „eine große
Zimmerpflanze mit den schmalen langen Blättern", die ihn störte,
stand erst seit einigen Tagen auf einem seiner Lieblingsplätze auf
der Fensterbank und war ganz offensichtlich im Weg. Der rotgeti-
gerte Kater, dessen Bekanntschaft er im Hof suchte, war erst vor
Kurzem in diese Gegend gezogen. Wir hatten schon bemerkt, dass
er ihm mit großem Respekt und ebenso großer Neugier begegnet
war.

Von all diesen Details wusste Karin nichts. Anfänglich hatten wir
insgeheim Zweifel, ob es so etwas wie Kommunikation mit einem
Tier nur über ein Foto wirklich geben kann. Das Ergebnis von Mo-
glis und Lottes »Befragung« bewies das Gegenteil. Es ist möglich,
es ist hilfreich – und es ist höchst erstaunlich."

Imre & Inga Grimm, Hannover

Hürden, Fallstricke und allerlei Missverständnisse

Jede Kommunikation ist nur so gut wie der Fragesteller und die Fragestellung! Auch scheinbar ohne Worte gibt es Raum für Übersetzungsfehler. Ja, ich weiß, jetzt habe ich Ihnen gerade erst Mut gemacht, sich zu versuchen, zu öffnen, alles aufzuschreiben und hinzunehmen und nun das. Rumms. Ein *guter* Tierdolmetscher werden, dazu gehört zum einen ganz viel Üben (ich erwähnte das bereits am Rande, glaube ich?) zum anderen Themen wie Einfühlungsvermögen, Verantwortung, Erdung und Schutz und auch ein bisschen mehr Hintergrundwissen zur „Grammatik der Telepathie".

Missverständnis Nummer eins: Die absolute Wahrheit

Wir bringen uns immer selbst mit ein. Mit unserem Hintergrundwissen, unseren Befürchtungen, Ängsten, Hoffnungen, ob wir selbst gestresst sind etc. Jede Kommunikation ist immer eingefärbt durch den Dolmetscher. Die Kunst ist, sich selbst so weit wie möglich zurückzunehmen.

Klassische Kunstfehler sind mehr oder weniger unterschwellige Interpretationen, Umdeutungen oder Weglassungen. Es steht uns als Dolmetscher bzw. Übersetzer nicht zu irgendetwas anderes zu sein als ein Sprachrohr. Wir stellen uns dem Tier zur Verfügung.

> Unsere technische Grundregel lautet: So wörtlich wie möglich. Nichts hinzufügen, nichts weglassen, nichts umformulieren.

Ich bin bereits darauf eingegangen, dass Tiere aus ihrer Perspektive erzählen, nach ihren Prioritäten und Wichtigkeiten geordnet, manchmal ziemlich durcheinander, dass sie sogar nach unserem Zeitgefühl hin und her springen. Hüten wir uns daher vor Fehlinterpretationen! Schon bei den Paarübungen unter Menschen haben wir gesehen, dass wir unter Umständen dazu neigen, „halbfertige" Bilder weiterzubauen. Aus einem an uns gesendeten angebissenen Apfel machen wir gern eine angebissene Birne, weil wir vielleicht nur den Zustand „angebissen" aufgeschnappt haben – und weil „angebissen" allein schlecht als Bild funktioniert, haben wir eben mit einer Birne ergänzt. Das war aber unsere Frucht. Das „angebissen sein" war die echte Telepathie.

Unser Verstand schaltet sich also gern ungefragt ein und rechnet wieder. Wir ergänzen, wir bauen logischem Denken nach weiter – wir verlieren manchmal sogar den Fokus und landen sonstwo oder schnappen andere unkontrolliert herumschwirrende Gedanken auf.

Wenn wir uns Sheldrakes morphische Felder (s. S. 30 f.; die energetischen Schwingungen, die uns alle umgeben) wie Insektenschwärme vorstellen, die quasi die ganze Welt umsurren, gilt es also, durch unseren Fokus und die Verbindung zu unserem Gegenüber (egal ob Mensch oder Tier) die richtigen Moskitos mit unserem Kescher zu fangen und herauszufischen.

Manche sind schnell wieder vorbei, andere haben wir übersehen, die dicken Brummer kriegen wir meistens (es sei denn, wir erschrecken uns vor ihnen) und je nachdem, wohin und wie wir unseren Kescher halten, ob unser Arm schlappmacht oder wir unsere Vorhand noch trainieren müssen, erwischen wir mehr oder weniger Gedankenmoskitos.

Wir halten den Kescher und zwar auf eine ganz uns eigene Art, und das alleine bestimmt schon Subjektivität.

Missverständnis Nummer zwei: Verneinungen

Haben Sie schon mal überlegt, was passiert, wenn Sie Ihrer Katze übermitteln, dass sie bitte nicht neben das Katzenklo oder in Ihren Hausschuh urinieren sollte? Oder nicht immer die Sachen vom Nachttisch oder der Fensterbank abräumen? Sie haben sofort ein Bild von der Situation im Kopf, stimmt's? Und ist da ein roter Balken durch? Nein, und genau das ist das Verständnisproblem. Sie sehen vor Ihrem geistigen Auge wahlweise die vollendete Bescherung oder die abgeräumten Gegenstände auf dem Fußboden. Wäre ich Katze, würde ich denken: „Ach, das soll ich – klar, das kann ich! Aber das mache ich doch eh schon ...? Na, dann wird es wohl richtig sein ..."

Das, was Sie **NICHT** wollen, sollten Sie lernen, positiv zu formulieren: Übermitteln Sie das Bild der Situation, wie sie sein soll. Das versteht Ihre Katze.

Außerdem sind „Lauf nicht auf die Straße!" gleich zwei Informationen, nämlich „Straße" und „laufen". „Bleib hier!" bzw. „Bleib im Garten!" ist eine wesentlich einfachere und klarere Botschaft. Abgesehen davon, dass so etwas wie „Fall nicht vom Baum" nicht nur kompliziert, sondern auch Quatsch ist. Würde darauf jemand mit „Doch!" antworten? „Halt dich fest" oder „Bleib oben!" ist konstruktiver, eindeutiger und nützlicher! Auch unser menschliches Unterbewusstsein ist übrigens außerstande, Verneinungen zu verstehen. Wenn Sie also gesundbleiben wollen, sagen Sie sich genau das, und nicht „Ich will nicht krank werden" – sonst liegt Ihr Fokus wieder auf dem Gegenteil, genau dem, was Sie nicht wollen.

Spannend finde ich, wenn Sie mir die Bemerkung gestatten, im

Übrigen überhaupt, dass wir unseren Fokus so oft auf dem haben, was wir NICHT wollen. Einerseits ist das „mit dem Schlimmsten rechnen" sicherlich eine Überlebensstrategie. Andererseits haben wir unseren Fokus dann eben auch genau da – und Energie folgt der Aufmerksamkeit. Wissen wir eigentlich, was wir wirklich wollen und wie das aussieht? Trainieren Sie das ruhig auch einmal: Stellen Sie sich in allen Einzelheiten vor, was Sie wirklich möchten! Malen Sie sich Ihre Träume bunt aus! Egal, ob Sie das nun auf Tierkommunikation oder Ihr übriges Leben beziehen. Durch unsere Aufmerksamkeit, durch unsere Energie, ziehen wir Dinge an. Dadurch gestalten wir unser Leben. Wir sind die Schöpfer unseres eigenen Kosmos – probieren Sie es aus – beim Parkplatz-Herbeiwünschen klappt es doch auch, oder? Da ist das Resonanzprinzip schon wieder, genau! Alles steht mit allem in Verbindung und beeinflusst sich gegenseitig (siehe Seite 33).

Missverständnis Nummer drei: die Implikation

Stellen Sie sich vor, Sie wären eine Katze. Nun fragt Sie zuerst ein Mensch, der in einer Wohnung mit Katzenklappe und großem Garten lebt, ob Sie als Katze gern Freigang hätten. Begeistert antworten Sie mit „Ja!" Denn Sie bekommen Bilder übermittelt, die Freiheit, Abenteuer, Mäusejagd, Katzenbekanntschaften, Reviere und richtige Kratzbäume versprechen.

Und nun stellt Ihnen ein anderer Mensch die gleiche Frage. Diese Person hat aber keine Katzenklappe, sondern hält ihre Katze aus Überzeugung in der Wohnung. Weil draußen Gefahren lauern in Form von Autos und Straßen, Pfützen und Regen, eisigem Wind, schlammigem Schmutz, bösen Straßenkatzen und Rattengiftködern. Er stellt sich vor, wie er Sie sicherheitshalber per Katzengeschirr an die Leine nimmt.

Erschrocken antworten Sie mit: „Nein, bloß nicht!"

Hmm ... Dabei war die Frage doch scheinbar dieselbe? Ja, aber eben nur scheinbar. Unser Hintergrund färbt unsere Fragestellung ein. Da schwingt etwas mit, nämlich unsere Energie, unsere Bilder, die wir unbewusst gleich mitschicken. Auch das sollte uns bewusst sein, um Missverständnissen vorzubeugen.

Grundsätzlich sind unsere Tiere unvoreingenommen. Die Erfahrungen mit uns lassen sie unter Umständen voreingenommen werden ...

Wenn wir uns aber ohne Vorurteile nähern, erleben wir so manche Überraschung. Katze Maunzi von Evelyn Hurm aus Pfatter ist dafür ein schönes Beispiel:

„Als ich in Wolfskofen einzog, habe ich zwei Hofkatzen übernommen. Maunzi, schwarzweiß, und deren Tochter, die Tigerkatze Peterle. Maunzi, die damals ca. vierzehn Jahre alte Hofkatze, ist eine ganz besondere Katze. Sie ist eine ganz alte, weise Seele und ich hatte vom ersten Moment an einen besonderen Draht zu ihr. Als ich erstmals den Hof besichtigt habe, hat sie uns beim Rundgang durchs Haus in jedes Zimmer begleitet und ich wurde das Gefühl nicht los, dass sie hier mitentscheidet, wer da einziehen darf.

Ich habe dann den Zuschlag bekommen und als ich einzog, habe ich meine damalige weiße Katze Mausi mitgebracht.

Mausi war ein kleiner Teufel und wurde glücklicherweise trotzdem von den zwei Alten geduldet. Maunzi hat mich in der Folgezeit oft bei meinen Arbeiten am und um den Hof begleitet. Ich habe eine Tierpension eröffnet und sie hat niemals Probleme mit den ständig wechselnden Gasthunden. Sie weiß bis zum heutigen Tag, welchem Hund sie ums Bein schmeicheln darf, und welchem sie besser aus dem Weg geht. Nachdem ich bei Karin den ersten Kurs absolviert hatte, war Maunzi auch eine der Ersten, die meine „neuen Fähigkeiten" genutzt hat. Während ich z.B. im Pferdestall gearbeitet habe saß sie oft auf ein paar Heuballen und hat mir zugeschaut.

Ein verblüffendes Erlebnis war ihre Aussage über Kühe: Ohne darüber nachgedacht zu haben, sagte ich während des Mistens plötzlich: ‚Warum sind Kühe dumm?'

Ich war erstaunt über meinen Gedankengang, bis mir bewusst wurde, dass mir Maunzi gerade erklärt hatte, dass Kühe dumm sind. Auf meine erstaunte Frage, warum sie das meint, sagt sie: ‚Pferde lassen sich nicht anbinden. Katzen auch nicht. Aber Kühe sind dumm.' Der heutige Pferdeoffenstall war früher ein Kuhstall mit der üblichen Anbindehaltung. Und es gefiel ihr, dass in diesem Stall heute keine Tiere mehr angebunden sind. Da vor zwei Jahren die Tochter meines Vermieters selbst in ihren Hof einziehen wollte, habe ich für mich eine neue Hofstelle gefunden. Für Maunzi stand von Anfang an fest, dass sie auf jeden Fall mit mir umziehen will. Im Gegensatz zu ihrer Tochter Peterle, die ihr Revier nicht aufgeben wollte.

Als es dann soweit war, ist Maunzi auf dem Arm einer Freundin zu mir ins Auto gestiegen und die zwei Dörfer weiter ins neue Heim mitgefahren. Sie stand während der kurzen Fahrt mit den Vorderpfoten am Seitenfenster und hat sich interessiert alles angeschaut. Sie hat sich bewusst aufgemacht, um auf ihre alten Tage noch mal woanders ein neues Leben anzufangen.

Im neuen Haus ging sie in ihrer gewohnt bedächtigen Manier von Zimmer zu Zimmer, hat sich alles angeschaut und war sofort und ohne Komplikationen hier zuhause.

Inzwischen ist sie ca. achtzehn Jahre alt, ist schon etwas wackelig auf den Beinen und manchmal zeigen sich erste Anzeichen von Altersdemenz. Aber sie ist mir immer noch eine große Hilfe, was ihren sicheren Instinkt bezüglich der fremden Gasthunde betrifft."

Die Sandwich-Methode

Wenn ich mein Tier von etwas überzeugen möchte, von dem ich als Mensch zu wissen meine, dass es ihm guttut, obwohl es auf den ersten Blick unangenehm ist (Tabletten, Wurmkuren, Spritze beim Tierarzt etc.), arbeite ich gern mit einem kleinen Trick, den ich Sandwich-Methode nenne:

Mein Gedankensandwich besteht dabei aus drei Lagen: Dem guten Bild, dem „schlechten" Bild und wieder einem guten Bild.

Das heißt, ich sende zuerst positive Gedanken, Bilder, Gefühle von dem, was ich erreichen möchte – als Ist-Zustand. Also wie meine Katze, der Hund oder das Pferd brav die Wurmkur nimmt, alles reibungslos funktioniert und hinterher dafür eine ausgesprochene Leckerei als Belohnung bekommt. In schillerndsten Farben. Der perfekte Wunschzustand als Ist-Zustand.

Zweite Lage: Bilder, Gedanken, Gefühle etc. davon, was im Körper des Tieres passiert, wenn es nicht kooperiert: Würmer, die Bauchweh verursachen, stumpfes Fell, juckende Haut. Ich bleibe beim Tier und realen Folgen. Keine Drohungen! Keine Schuldzuweisungen oder Strafen! Niemals! Das wäre ein grobes Missverständnis!

Dritte Lage: Die Wiederholung von oben: Wie schnell und einfach diese Wurmkur zu schlucken ist, dass es vielleicht ein klein wenig bitter schmeckt, aber hinterher kommt sofort die Belohnung und das Fell glänzt, der Bauch ist satt und zufrieden – ist die Katze gesund, freut sich der Mensch und wir beide schnurren.

Und wie das tatsächlich funktioniert, weiß Nicole Penn zu berichten:

„Als mein Krümel eines Abends nach Hause kam, sah ich, dass er sich ständig am Hals kratzte. Ich tastete sofort die Stelle ab und wie nicht anders zu erwarten, fühlte ich eine Zecke. Sehen durfte ich sie nicht, denn bis ich seinen Kopf oben hielt und versuchte das Fell beiseite zu halten, hatte ich schon die Krallen in der Hand. Ich bat meinen Mann, mir zu assistieren. Er sollte den Kopf hochhalten, damit ich die Zecke finden und ziehen konnte. Es war auch zu zweit nicht möglich. Ich wollte aber die Zecke auch nicht steckenlassen, bis sie größer wurde. Ich überlegte, was

ich tun könnte, denn mir war schon bewusst, dass direkt auf der Kehle eine sehr unangenehme Stelle ist.
Da fiel mir die Wurmkur-Sandwich-Methode bei Pferden ein. Ich dachte, es könnte funktionieren und versuchte es sofort. Ich nahm die „Verbindung" zu Krümel auf und schickte ihm das Bild, wie sich die Zecke, immer größer werdend, durch seinen ganzen Körper frisst. Dann schickte ich ihm das Bild, dass ich die Zecke ziehe und er sofort zur Belohnung ein Katzen-Leckerli bekommt. Diese beiden Bilder schickte ich ihm im Wechsel ein paar Mal hintereinander. Dann wartete ich ca. zehn Minuten, weil ich mir nicht wirklich sicher war, ob es etwas bewirkt hatte. Dann bat ich nochmals meinen Mann, mir zu helfen. Es war verblüffend. Ohne Widerstand ließ sich Krümel den Kopf halten, ich konnte das Fell beiseiteschieben und die Zecke ziehen. Null Gegenwehr! Danach marschierte er schnurstracks in die Küche, um das versprochene Leckerli einzufordern, von denen es dann natürlich mehrere mit reichlich Lob gab. Das war für mich wieder ein faszinierendes Erlebnis zum Thema Tierkommunikation."

Exkurs: Namen

Überlegen Sie mal: Auf eine Katze, die Nofretete heißt oder Gala Queen oder Madame Pompadour gehen wir unwillkürlich anders zu als auf eine Mitzi, den Peterle oder auch Fritz. Was der Kasperle für einer ist, das legt sein Name schon nah, genau wie die Hexe oder der Tollpatsch.

Und wie man in den Wald hineinruft, so schallt es zurück: Was die Volksweisheit nahelegt, beweisen auch wissenschaftliche Untersuchungen. Unsere Namen, auch Kosenamen, Beschimpfungen oder Spitznamen sind eben nicht nur Schall und Rauch. Sie beeinflussen uns. Je öfter wir sie hören, umso hypnotischer wirken diese sogenannten Konnotationen, diese Beibedeutungen auf uns – und auf unsere Tiere.

Das weiß auch Anne Drewes aus Rommerskirchen zu berichten:

„Tiger, ein junger Persermischling, welcher bei Weitem nicht aussah wie ein Tiger, war wirklich einmalig. Selbst nannte er sich gern „The Tigerman", wobei man immer einen Hip-Hop-Beat im Kopf hatte und ja, genauso ging er – wie ein Gangster aus der Bronx. Mit der Finesse und dem Charme, wie es nur ein richtig cooler und stylischer Typ haben konnte. Mit seinem Charme und seiner Coolness wickelte er jeden um den Finger. Dem süßen Lausebengel konnte man nie wirklich böse sein, wenn der Gangster in ihm durchkam und er wieder Blödsinn angestellt hatte."

Da steckt viel Energie drin. *Nomen est omen*, sagten die alten Römer. Das heißt, wir potenzieren die Eigenschaften unserer Tiere auch noch durch die Namen, die wir ihnen geben. Probieren Sie es aus – es wirkt! Im Zweifel: Taufen Sie um!

🐱 Tipp von Feechen

Während ich dies schreibe, liegt meine schwarze Katzendame schon eine ganze Weile mitten auf meinem Schreibtisch und wartet. Also – jetzt kommt sie zu Wort!

„Macht es nicht schon gleich zu kompliziert mit dem Kommunizieren. Lasst es doch einfach fließen, was da kommt. Nehmt die Informationen auf, die wir euch geben. Wir sind an euch interessiert. Sonst würden wir nicht zusammenwohnen. Wir kommen und gehen – wenn wir die Möglichkeit haben, entscheiden wir selbst. Wir kommen zu Besuch, wir wissen, wo wir zuhause sind – solange wir dort eine Aufgabe haben, etwas woran wir mit euch arbeiten können, und das heißt nicht nur, dass wir zuhause sind, wo es uns gut geht in eurem Sinn. Wir tragen auch mit, wir weisen hin, wir zeigen auf. Wir wollen helfen. Wir genießen das. Ihr seid für uns da und wir für euch. Wir wollen uns gerne mitteilen. Ihr braucht nur mit offenem Herzen zu lauschen. Das, was Karin schreibt, ist schön für den Kopf, ihr wollt immer verstehen, das weiß sie besser als ich. Ich sage: Lernt fühlen! Dann erledigen sich viele eurer Fragen von selbst. Hört uns einfach zu.

Keine Angst vor großen Katzen!
Karin Müller mit Löwenbaby Sonja.

Haben sich gefunden: Petra Wiesmann
und Mitzi.

Chuckylee aus dem Kitzinger Tierheim eroberte als erste Katze Karins Herz im Sturm.

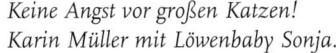

Nasenstups von Mensch zu Katze und wieder zurück: mit Feechen im Garten und bei Onkelchen, der Streicheleinheiten genießt.

▲ *Louis von Nadine Sass.*

◄ *Diktatstunde mit Onkelchen.*

▼ *Erste telepathische Gehversuche in Paarübungen. Sender und Empfänger bauen eine Gedankenbrücke auf.*

In Gedanken kann man überallhin reisen, auch zu einer Quelle im sommer-
lichen Wald, wo Ballast und Schwere in Licht und Erde verwandelt werden.

Moritz von Familie Jachmann-Zühlke. Dank Tierkommunikation und alter-
nativer Behandlung hörten seine epileptischen Anfälle auf.

▲ *Schutz und Erdung kön-
nen wir durch Meditationen
erreichen, indem wir in
unserer Vorstellung Wurzeln
in die Erde senden und uns
mit Licht umhüllen.*

▶ *Siamkater Leonidas war
schlimm gestürzt. Die Tierkommunikation trug dazu
bei, dass sein Leben gerettet
werden konnte.*

Kater Nissi von Linda Unland schlief und ruhte gern.

Malika fand auf ungewöhnliche Art zu Ulrike Schulze.

Eingeflüstert: Für Feechens Weisheiten hat Karin immer ein offenes Ohr.

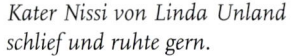

Kater Mogli von Imre und Inga Grimm erkundet selbstvergessen seine Welt.

Katze Josie von Sonja Grzella beobachtet gerne das Geschehen.

Katze Maunzi von Evelyn Hurm zeigt, wie man richtig relaxt.

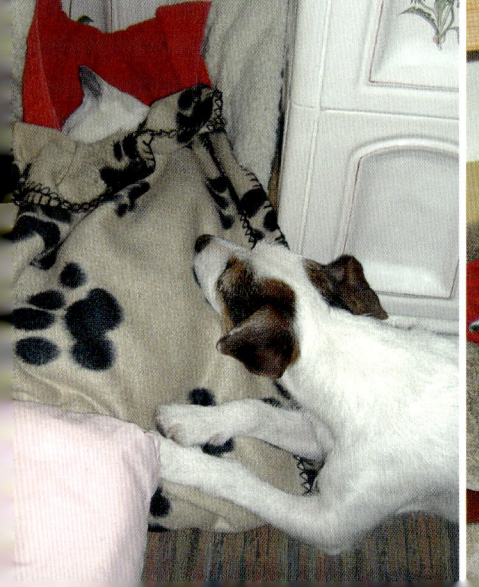

Kater Krümel von Nicole Penn an einen herrlichen Tag im Freien.

Freundschaft der besonderen Art: Hündin Gipsy bewacht Kater Balu in der Aufwachphase nach der Kastration.

Von Katzen können wir viel lernen: unter anderem Geduld. Und dass
Kommunikation nichts am freien Willen der Tiere ändert.

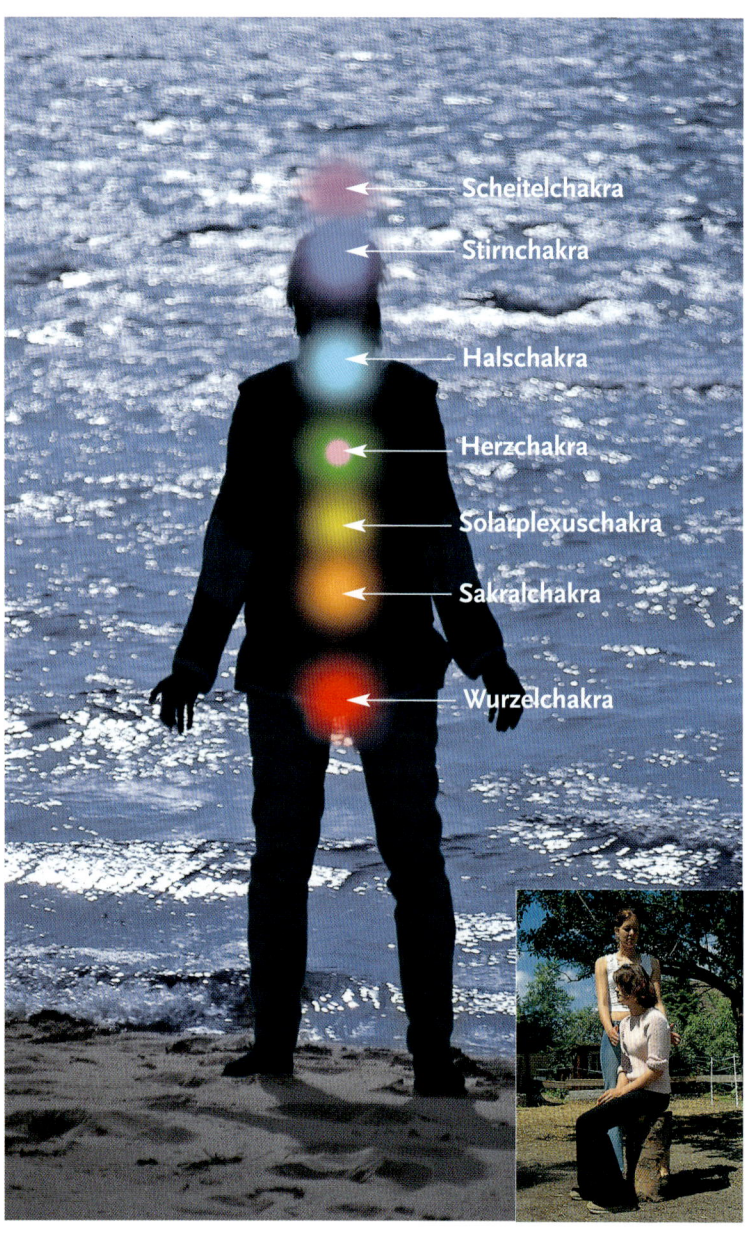

Scheitelchakra

Stirnchakra

Halschakra

Herzchakra

Solarplexuschakra

Sakralchakra

Wurzelchakra

Hier sitzen die sieben Hauptchakren in unserem feinstofflichen Körper.

Mittels Vorstellungskraft können wir uns gegenseitig energetisch aufladen.

Khali und Pepe von Claudia Sigrist gehörten schon ihr ganzes Leben zusammen.

Kater Friedrich überwinterte bei Steff Ostendorf.

Hündin Cindy und Kater Gismo fanden es nicht in Ordnung, dass ihr Freund Moritz „geschubst" (eingeschläfert) wurde.

Mischa von Mirjam Keller hatte einen Blick für das Wesentliche.

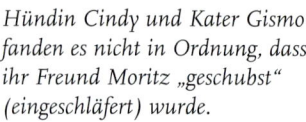

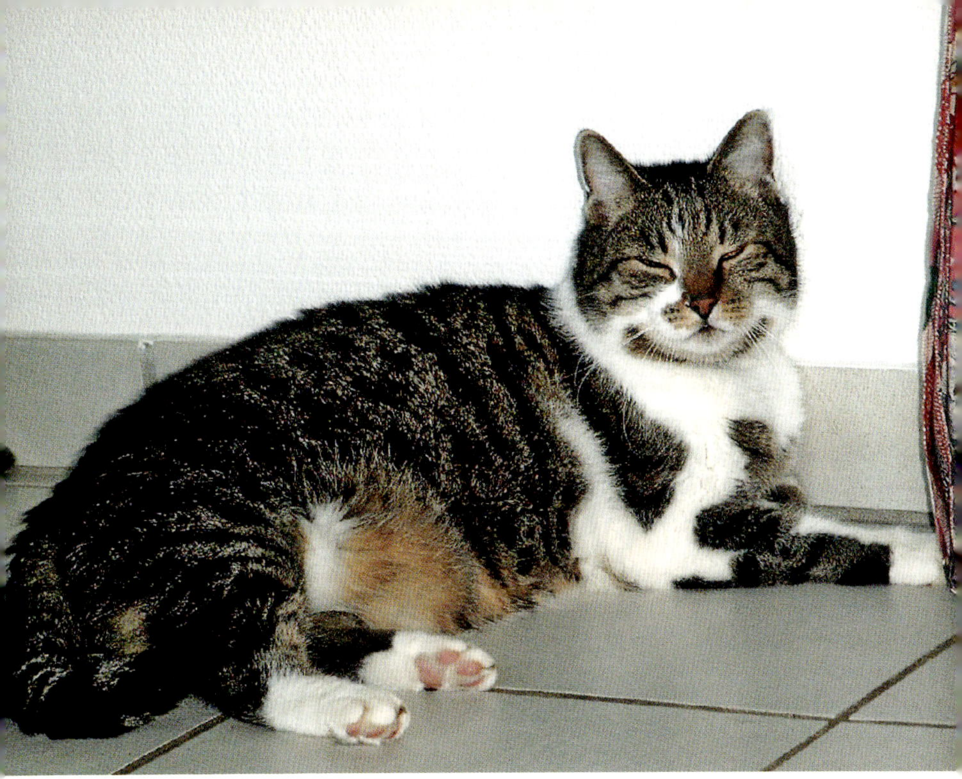

Paul von Anne Drewes plädierte für weniger Stress.

Die Welt aus Katzensicht erleben: Karin mit Onkelchen im Gras.

Fressen ist Vertrauenssache – richtiges Futter und gutes Wasser sind es auch.

Kinesiologisch kann man testen, was dem Katzenwesen sonst noch fehlt.

Kater Balu erfasst die Energie der
Bilder, die im Kurs entstanden sind.

Pünktchen von Heide Meyer
legte viel Wert auf ihr Äußeres.

Ist die Katze (wieder) gesund, freut sich der Mensch.

Allein schon unser Schnurren kann euch Heilung bringen, wenn ihr uns nur lasst. Wir sind Wandler von Energie. Und darum liege ich hier und passe auf, dass das auch mit hineinkommt."

... übermittelt ihre Botschaft und schließt die Augen ... und kurz drauf springt sie herunter und macht sich auf zu ihrem Nachmittagsspaziergang. Ja, sie hat ja Recht! Eins meiner Lieblingsparadoxen: Aufmachen – Zulassen! Lassen Sie es zu, machen Sie es auf!

Kurserfahrungen III – Immer höher, immer weiter

„Nach meinem ersten von insgesamt drei Kursen in mentaler Tierkommunikation hatte ich mir möglichst viele Übungstiere gesucht, Tiere also, bei denen mir der Besitzer Feedback zu meinem Gespräch mit dem Tier geben konnte. So konnte ich lernen und vor allem schrittweise mehr Sicherheit gewinnen.

Bald haben sich bei den Gesprächen auch Inhalte ergeben, von denen ich dachte, dass das Tier „das doch eigentlich gar nicht wissen kann", was hieß, dass es offensichtlich Zugang zu einem größeren „Wissens-Pool" haben musste. Logischerweise könnte ich dann auch solchen Zugang haben.

Und so hat mein Weg von der mentalen Kommunikation mit Tieren zu schamanischen Praktiken überhaupt geführt. Während also manche meiner Kurskollegen die Tierkommunikation über diese drei Kurse hinaus intensiviert haben, war mein persönlicher Weg, sie in einen allgemeineren Zusammenhang des Schamanischen zu stellen. Am Ende ist aber wohl für uns alle das Ergebnis gleich. Wir alle mussten uns auf einen Weg der Persönlichkeitsentwicklung und Verantwortlichkeit machen. Das wird einem im ersten Seminar noch kaum klar.

Heute nutze ich die Tierkommunikation auf zweierlei Weise: Neben Sprache und Körpersprache ist sie ein dritter Sende- und Empfangskanal zur Verständigung mit meinen Hunden. Zum andern ist sie im Kontext meiner schamanischen Praxis eine von mehreren Arbeitsweisen für meine Klienten.

Sehr schön war die Erfahrung, dass viel mehr Menschen, als ich zuerst dachte, offen für die Möglichkeit der mentalen Kommunikation sind. So-bald sie sehen, dass sie verstanden und nicht für verrückt gehalten wer-den, kann man sich schnell mit ihnen über Dinge verständigen, die sie in der Öffentlichkeit unserer westlich-wissenschaftsdominierten Gesellschaft nie zu sagen wagen würden. Viele haben mir eine Fülle eigener Erfah-rungen mitgeteilt.

Trotzdem achte ich natürlich darauf, wem ich zumuten kann, dass ges-tern Abend mein Hund über Trinkwasser in Edelstahlschüsseln gesagt hat, dass ..."

Ulrike Buergel-Goodwin, Regensburg

„*Im Jahr 2004 begann ich eine Ausbildung als »Naturheilkundlicher Le-bensberater – Fachrichtung Tier« nach Michael Sorsche »Unseren Tie-ren zuhören«. Zu einer kinesiologischen Arbeit gehörte unter anderem auch, die Feinfühligkeit zu schärfen und die Tierkommunikation. Nach einigen tollen Erfahrungen wollte ich das Thema „Kommunikation" ausbauen und kam über eine Kollegin zu Karin Müller. Und jetzt gibt es in regelmäßigen Abständen immer Aufbau- und Auffrischungskurse, die ich organisiere und Karin dann bei mir hält.*

Unser Kater Balu wurde kastriert (in einem Gespräch mit ihm hat er mir verziehen!). Als ich mit ihm vom Tierarzt kam, war Gipsy, unsere Jack-Russel-Hündin, total aufgeregt. ‚Was ist los?‘ schien sie mich zu fra-gen. Auch für mich war die Situation neu und ich war etwas nervös, wie und wo ich jetzt Balu hinlegen sollte. Unter unserem Kachelofen gab es einem Platz für Gipsy. Als ich so Gedanken versunken überlegte, fing Gipsy plötzlich an, auf ihrem Kissen herumzugraben und richtete somit ihre Schlafstätte für Balu her, bis er wieder fit war. ‚Okay‘, sagte ich zu Gipsy, ‚wenn du meinst‘. Ganz wohl war mir aber nicht dabei, denn Gipsy ärgert Balu sonst immer, wenn er schlafen will. Doch diesmal leg-te sie sich einfach nur neben ihn hin und wachte. Als er nach ca. einer halben Stunde wach wurde, kam sie sofort zu mir, um mich zu holen.

Später legte sich Balu selbstständig auf die Ofenbank (wo ich ihn aber zugedeckt habe wegen Schüttelfrost nach der OP) und schlief sich noch etwas aus. Gipsy entspannte sich und legte sich wieder zu ihm. ‚Jetzt wird alles gut!' ... *Ich bin begeistert von der Kommunikation zwischen den Tieren und auch zwischen dem Tier und dem Menschen. Vor vier Jahren hätte ich es noch nicht so wahrgenommen, diese faszinierende Kommunikation zwischen uns. Ein großes Dankeschön an Karin, die mir heute noch beisteht, wenn es Unsicherheiten gibt."*

Anita Wenisch, Dietersheim

„Ich habe Ende Februar 2007 einen Anfänger-Telepathiekurs bei Karin gemacht. Obwohl ich mich schon immer mit „Magie" in allen Lebenslagen beschäftigt habe, war ich zu Beginn des Kurses sehr skeptisch. Seit dem Kurs in Micheldorf ist so einiges passiert. Ich konnte es einfach nicht fassen, dass ich mit dem 20 Jahre alten Pferd meiner Freundin noch am Sonntag Kontakt aufgenommen habe. Meine Freundin war schwanger (Geburtstermin in 4 Wochen). Da sie Schwierigkeiten während der Schwangerschaft hatte, habe ich „Ferdi" in der Zwischenzeit betreut. Ich machte es mir in seiner Box gemütlich und Ferdi begann wirklich sofort und sehr humorvoll zu plaudern. Zum Beispiel meckerte er über die Hühner im gegenüberliegenden Stall. Das wären gackernde, dumme, hysterische Weiber. Dann hat er mich sehr erstaunt. Er meinte: ‚Ich kann die Milch schon riechen, sie trägt das Mädchen vorn, sie soll bald kommen, damit ich es riechen kann.' Laut Auskunft meiner Freundin musste sie exakt zum Zeitpunkt meines Kontaktes zu Ferdi ins Krankenhaus. Am nächsten Tag war ein kleines Mädchen geboren. Dieses Ereignis mit dem Pferd meiner Freundin hat mich wahrhaftig aus den Socken gehauen. Trotzdem bin ich nach wie vor jedes Mal wieder erstaunt, wenn ich mich mit einem Tier telepathisch verbunden hatte und dann tatsächlich eine positive Rückmeldung des Besitzers bekommen habe. Ich lebe in Linz, einer großen Stadt in Österreich, bin in

meiner Wohnung umgeben von Schildkröten, Meerschweinchen, Ka-
ninchen, Fischen und habe mein Pferd in einem Bauernhof. Wenn wir
Menschen so frei und ohne Falschheit kommunizieren könnten wie mit
Tieren, könnte sicher so mancher Kummer vermieden werden. Liebe
Grüße."

Doris Hölzl, Linz (Österreich)

„Meine erste Erfahrung mit Tierkommunikation machte ich, als Frau
Müllers Schülerin Katrin Jäger zu Übungszwecken mit meinen Labra-
dor Retrievern Dundee und seinem Sohn Paddy sprach. Ich war fas-
sungslos, die Jungs zeigten ein genaues Bild unserer Familie auf, sie be-
richteten von unserer sehr engen Beziehung und sagten auch, wo sie
gerne Hilfe hätten. Ich schwankte zunächst irgendwo zwischen Amüse-
ment und ‚Wo hat sie das bloß rausgefunden? Das kann doch nur ein
Trick sein.'

Tatsache aber war, dass die Kommunikatorin mich bis dahin nicht
kannte, und sie hatte auch die beiden Rüden noch nie gesehen. Über
Paddy entstand sehr bald eine enge freundschaftliche Beziehung zwi-
schen Katrin und mir. Ich merkte bald am ausgelassenen Verhalten mei-
ner Labbies, wenn sie mit ihnen gesprochen hatte, und rief Katrin je-
weils an, um immer meine Vermutung bestätigt zu bekommen.
Natürlich wollte ich auch mit Tieren reden können! Sie gab mir Karin
Müllers Adresse und so erlebte ich meinen ersten Kurs. Der nachhal-
tigste Eindruck war im Rückblick die unendliche Ruhe und der tiefe
Frieden, den ich in diesen Tagen für mich gefunden habe.
Ich hatte noch nie vorher das Gefühl, so völlig bei mir selbst angekom-
men zu sein. Und wie ist das Ganze abgelaufen?
Wir saßen natürlich zuerst in einer Runde mit fremden Menschen, die
sich alle mehr oder weniger skeptisch, aber auch mit großer Neugier auf
das Erlebnis »Reden mit Tieren« eingefunden hatten.
Die ersten Übungen zeigten tatsächlich die Fähigkeit, mit anderen Men-
schen gedanklich zu kommunizieren – irgendwie schien also was dran

zu sein. Am zweiten Tag haben wir dann die Fotos von unseren Tierge-
fährten zur ersten Kommunikation über das Medium Foto in der Runde
verteilt. Mein Labrador-Rüde Dundee hatte zu dieser Zeit bereits Proble-
me mit der Koordination seines rechten Hinterbeins. (Später erwies sich
dieses »Problem« als Neurofibrosarkom, das Dundee viel zu jung über
die Regenbogenbrücke gehen ließ.) Unabhängig voneinander haben mei-
ne beiden Gruppenkolleginnen mir ein Taubheitsgefühl im rechten Bein
genannt! Ich war ziemlich aufgewühlt. Endgültig überzeugt von der
Möglichkeit, mit Tieren zu sprechen, hat mich dann die Abschlussübung.
Wir bekamen ca. 20 Fragen zu den verschiedenen Tieren, die sich auf
dem Bauernhof von Karin tummelten. Wir sollten Porky und Sunny, den
beiden Pferden, Lillepuss, der Hündin, einer Gruppe von drei Hühnern
und der Katze ganz klar definierte Fragen stellen. Nun stand man vor der
Box mit den Pferden und dachte: Und was jetzt? Was sagt mir das Pferd?
Sagt es überhaupt etwas? Wir schrieben alle ziemlich skeptisch unsere
aufgefangenen Gedanken auf und fanden uns nach der vereinbarten Zeit
bei Karin ein. Es war wirklich unfassbar! Wir hatten alle fast identische
Antworten. Das war dann der Moment, in dem für mich klar wurde,
dass es funktioniert! Ich gebe zu, das ich auch heute immer wieder zweif-
le, ob das, was die Tiere mir sagen, nicht vielleicht doch nur meiner Fan-
tasie entspringt.

Zum Glück kann ich das immer wieder mit Hilfe von anderen TK's über-
prüfen, wenn ich ganz simple Fragen wie: Wo möchtest du fressen? Willst
du mit dem Bruder am Doppelnapf oder getrennt dein Futter bekommen?
an meine beiden Hunde stelle und haargenau die gleichen Antworten
von den anderen bekomme, wie ich selbst auch.

Ein weiteres tiefes Erlebnis war der Spiegelkurs »Wie Tiere ihre Men-
schen spiegeln«, den wir mit zum Teil guten Freunden, aber auch vor-
läufig fremden Teilnehmern bei Karin machten. Die Gruppe hätte nicht
bunter gemischt sein können, doch gerade das machte die Erfahrung so
eindrucksvoll. Bald war klar: Es geht eigentlich fast nur um uns Men-
schen, wenn wir ein Problem bei unseren Tieren sehen. Wir listeten einige

Eigenschaften unserer Gefährten, die wir als negativ empfanden und Charakterzüge, die wir sehr schätzen, auf. *Wir merkten schnell, dass uns die Eigenschaften, zu denen wir in Resonanz gingen, in die ganz versteckten inneren Winkel unserer eigenen Seele führen würden. Einige der Teilnehmer ließen das zu, für andere war noch nicht der Zeitpunkt gekommen, ihren inneren Tresor zu öffnen.*

Karin machte eine wunderbare Meditationsübung mit uns: Sie nahm uns mit auf eine Wanderung zu einen Platz, wo wir unser Sorgenpaket in die reinigenden Flammen werfen sollten. Ich persönlich steckte zu dieser Zeit in einer für mich völlig ausweglosen Lebenssituation, die mir in diesem Augenblick so deutlich bewusst wurde, dass ich meine Fassung völlig verlor, Karin mich liebevoll in den Arm nahm und mir versprach: Du hast deine Probleme jetzt an eine höhere Macht weitergegeben, nun wird sich jemand viel Größeres um deine Sorgen kümmern. Es klang zwar sehr tröstlich, für mich war aber klar: Ich muss einen neuen Weg in meinem Leben einschlagen, es kann sich sonst nichts ändern. Ich hatte mich bereits nach einer neuen Bleibe für mich und meine Hunde umgesehen, wollte noch die rechtlichen Probleme einer Scheidung klären, als mein Mann einen Tag nach meinem Geburtstag plötzlich sehr, sehr krank wurde. Es waren sehr schwere Tage und wir fürchteten die Diagnose Krebs. Da der jahrelange Alkoholkonsum meines Mannes unsere Ehe an (über) die Grenze des Aushaltbaren gebracht hatte, fanden wir plötzlich unsere Gefühle füreinander wieder. Seit diesem Tag hat mein Mann keinen Tropfen Alkohol mehr getrunken und er wurde ein neuer, und eigentlich wieder der alte Mann, den ich so geliebt habe. Unsere Beziehung ist warmherzig und vertrauensvoll, und es macht wieder viel Freude, gemeinsam im Leben zu stehen. Ich bin zutiefst davon überzeugt, dass Karins Worte wahrgeworden sind. Ich habe nun mein Schicksal in eine höhere Hand gegeben und gehe gelassen und voller Selbstvertrauen durch das Leben. Danke Karin! Ganz, ganz liebe Grüße.

Eva Todt, Unterlüß

Scotti – Energie!

Die Teilnehmer meiner Kurse sind manchmal ein wenig überrascht, wenn sie mir zum ersten Mal begegnen. Da steht jemand in
Jeans und Shirt oder Pulli, ganz ohne Wallergewänder und Kristall-
kugel und redet von Telepathie so selbstverständlich wie vom Telefonieren (mein Lieblingsvergleich), macht das Esoterikschubfach
auf und gleich wieder zu und achtet so sehr auf Bodenhaftung, dass
es manchen zu den Ohren wieder herauskommt. Und kaum hat
sich die Überraschung gelegt, kaum habe ich ein wenig vom wissenschaftlichen Hintergrund, von der Zirbeldrüse und der überge-
ordneten Wichtigkeit der anderen fünf Sinnen erzählt, kommt er
dann doch, der Schreck.

Da beginnen wir den Ausflug in die asiatische Welt der Chakren.
Ja, was hat denn das nun wieder mit Telepathie und Tierkommunikation zu tun? Kommen jetzt doch die Räucherstäbchen?

Nur, wenn Sie es mögen, aber mit dem Thema hat es nichts zu tun.

Chakren, Meridiane und die Tierkommunikation

Haben Sie schon einmal von Meridianen gehört? Von Klopftechniken und Nadeln, mit denen man bestimmte Punke stimulieren
kann, um damit körperliche oder geistige Themen und Probleme
günstig zu beeinflussen? Um Stress abzubauen?

Das chinesische Wissen um die Meridiane, um Energieleitbahnen
also, die unseren Körper durchziehen und auf Akupunktur oder
Akupressur oder simples Klopfen reagieren, ist schon einige tausend Jahre alt. Ebenso verhält es sich mit dem Wissen um die Cha-

kren. Es geht zurück auf die vedische Kultur im heutigen Indien und ist etwa 3.000 bis 4.000 Jahre alt. Das Wort *Chakra* kommt aus dem Sanskrit und bedeutet so viel wie Rad oder Kreis. Es bezeichnet unsere feinstofflichen Energiezentren, die durch Kanäle verbunden sind und sich drehen. Die Chakrenlehre ist verbreitet im tantrischen Hinduismus, in Ausprägungen des Buddhismus, im Yoga, in der Traditionellen Chinesischen Medizin (TCM) und in einigen esoterischen Lehren. Alte indische und tibetische Texte sprechen von 72.000 bis 350.000 Energiekanälen im Körper. Und wo sie genau sitzen, darüber gibt es je nach Schule diverse Abweichungen. Aber die Kernaussage bleibt gleich und uns reichen hier ein paar Einzelheiten zu den sieben sogenannten Hauptchakren, von denen auch meist in der Literatur die Rede ist.

Diese Hauptchakren stehen in enger Verbindung zu den wichtigsten Energiepunkten, die wir auch aus der traditionellen chinesischen Medizin kennen. Sie erfüllen verschiedene Aufgaben auf organischer und seelisch-geistiger Ebene. Das Chakrensystem transformiert quasi Licht in Energie und schickt sie innerhalb unseres Körper-Geist-Zusammenhangs dahin, wo sie gebraucht wird. Es soll ein klarer Fluss entstehen und gehalten werden, aufsteigend von der Wurzel bis zur Krone, vom Steiß bis zum Scheitel. Blockaden spüren wir als Energiedefizite, die unsere Wahrnehmungen beschränken oder letztlich sogar in körperliche Symptome münden.

Chakren wirken innerhalb unserer Körper, ohne direkter Bestandteil zu sein. (Bei Sektionen oder Operationen wird man keine Meridiane oder Chakren finden, trotzdem bestreitet kaum noch jemand die Wirkung von Akupunktur oder ayurvedischer Medizin). Beiden Ansätzen liegt das gleiche Bild zugrunde: Es geht um Energie, die durch unseren Körper strömt, blockiert sein kann und wenn die Energie frei fließt, geht es uns gut und wir sind in unserer Kraft. Das gilt für Mensch und Tier gleichermaßen.

Die farbige Energiewolke, die uns umhüllt und die wir spüren und manche von uns sogar sehen können, nennen wir Aura. Wie sich unsere Aura gestaltet, ist ein Abbild unseres Gesundheitszustandes und dem unserer Chakren. Kleine Kinder und unsere Tiere können Auren wahrnehmen. Zugunsten anderer Synapsenverknüpfungen verlieren wir Menschen diese Fähigkeit im Lauf des Heranwachsens, aber wir können es trainieren. Sicher kennen Sie das Gefühl, wenn Ihnen jemand zu dicht auf die Pelle rückt, nicht wahr? Menschen, die wir nicht mögen oder nicht gut kennen, lassen wir ungern mehr als eine Armlänge an uns heran. Dann befinden sie sich nämlich innerhalb unserer inneren Auraschichten, nichts anderes ist dieser sogenannte Individualabstand. Sehen Sie – auch Sie können also letztlich die Aura spüren! Probieren Sie es einmal ganz bewusst mit einer Freundin oder einem Freund aus: An welchem Punkt spüren Sie einen leichten Widerstand, wenn einer mit tastenden Handflächen auf den anderen zugeht? Und wie empfindet Ihr Gegenüber die Nähe? Jedes Chakra erfüllt unterschiedliche Aufgaben und Funktionen – bei Mensch wie Tier. Es hat eine bestimmte Schwingung und Farbe und durch farbliche oder energetische Stimulierung können wir uns und unseren Tieren viel Gutes tun.

Überlegen Sie doch mal, welche Farbe Sie in Ihrer Wohnung oder in Ihrem Kleiderschrank vorwiegen lassen, in welchen Räumen, zu welchen Gelegenheiten – warum haben Sie zu einer Farbe eine Affinität und eine andere lehnen Sie ab? – In der folgenden Liste finden Sie vielleicht eine Erklärung dafür, warum Sie intuitiv so und nicht anders entscheiden.

Dem altüberlieferten Wissen nach durchleben wir wie in einer Art Kreislauf ungefähr alle sieben Jahre ein Chakra als Schwerpunktthema, und in jedem einzelnen dieser sieben Jahre wiederum ein

Chakra als Unterthema. Und nach sieben mal sieben Jahren geht es wieder von vorn los. Spannend finde ich, dass man dies auch wirklich anhand von Veränderungen und Entwicklungsschritten im eigenen Leben nachvollziehen kann. Was haben wir jetzt und hier praktisch davon? Wir können die Chakrafarben ganz bewusst entsprechend ihrer Bedeutung einsetzen. Und zwar beispielsweise, um unserer Katze oder uns selbst etwas Gutes zu tun. Etwa um unsere Selbstheilungskräfte zu aktivieren, uns mit Energie zu versorgen oder Defizite auszugleichen. Schauen wir mal im Einzelnen, wofür die jeweiligen Chakren stehen, (siehe auch Farbtafel 10):

Erstes Chakra – das Basis- oder Wurzelchakra

Farbe: Rot.

Ort: Sitzt zwischen Schritt und Steiß, Öffnung nach unten.

Bedeutung: Körperliche Liebe, Leidenschaft, Fortpflanzung, Urvertrauen, Sicherheit.

Zweites Chakra – das Sakralchakra

Farbe: Orange.

Ort: Unterbauch.

Bedeutung: Verdauung und Verarbeitung von Emotionen, Kreativität, Beziehungen, Sexualität, Lebensfreude.

Drittes Chakra – das Solarplexus- oder Milzchakra

Farbe: Gelb.

Ort: Oberbauch.

Bedeutung: „Chefsachen", Durchsetzungsvermögen, Kraft und Ego-Energie, Stärke, Wille.

Viertes Chakra – das Herzchakra

Farbe: Grün/Rosa.

Ort: Brust.

Bedeutung: Gefühlsdinge, Herzensangelegenheiten, Zuneigung, Emotionen.

Fünftes Chakra – das Halschakra
Farbe: Blau.

Ort: Hals.

Bedeutung: Sprachzentrum, Kommunikationsfähigkeit, Inspiration.

Sechstes Chakra – das Stirnchakra
Farbe: Indigo.

Ort: Stirn.

Bedeutung: Intuition und telepathisches Vermögen, Kraft des Geistes, „Drittes Auge".

Siebtes Chakra – das Scheitel- oder Kronenchakra
Farbe: Violett/Lila bis Weiß.

Ort: Sitzt mittig auf dem Kopf, nach oben geöffnet.

Bedeutung: Ankopplungspunkt „nach oben", Sitz unserer Spiritualität, Tor zum göttlichen Prinzip.

Die Wirkung der Farben

Wenn ich einen Vortrag halten soll und etwas Blaues trage oder meinen Tee aus einer blauen Tasse trinke, unterstütze ich damit mein Kehlchakra, meine Kommunikationsfähigkeit. Das heißt aber nicht, dass ich vom Silbenverschlucker und Haspeler gleich zum begnadeten Rhetoriker werde.

Wenn jemand in einem Bewerbungsgespräch tunlichst nichts Gelbes anhat, dann ist er oder sie entweder abergläubisch, oder geht auf Nummer sicher, nicht unbewusst vom potenziellen Chef als

KonkurrentIn wahrgenommen zu werden ... Es könnte das Zünglein an der Waage sein.

Wenn meine Katze immer wieder Verdauungsprobleme hat, kann ich den vom Tierarzt angeschobenen Heilungsprozess durchaus unterstützen, indem ich ihr eine orange Decke ins Körbchen lege. Es funktioniert genauso gut, wenn ich mir vorstelle, wie ich sie in orangefarbenes Licht hülle – solange es ihr guttut. Und auch hierfür gibt es zwei Möglichkeiten: Entweder, ich halte mit meinem mentalen Lichtmantel solange drauf, bis mir meine Katze ganz deutlich über ihre Körpersprache zu verstehen gibt, dass es jetzt reicht (das kann sehr schnell gehen. Tiere sind, flapsig ausgedrückt, die reinsten energetischen Staubsauger). Bitte unbedingt gut beobachten und vorsichtig mit allen Energien, auch denen von Farbe, umgehen!

Alternative: Ich schicke meine Lichtdosis von vornherein so auf den Weg, dass sie „selbsttätig" abschaltet, wenn es genug ist.

Natürlich kann ich das auch kinesiologisch austesten oder – wie immer – auf mein Gefühl achten. Energie folgt der Aufmerksamkeit, unserem Fokus, unserer Absicht.

Wie sehr unsere Katzen Energien lieben, erlebte Ulrike David aus Hannover mit ihrer Katze Chichi:

„Wir hatten intensiv gearbeitet mit Karin auf dem Erdungs-Seminar. Ein Wochenende lang Übungen mit dem sechsten Sinn, Erdung, Reinigung der Chakren und vieles mehr hatten mich energetisch gut gefordert. Und so wollte ich, zuhause angekommen, vor allem eins: schlafen. Irgendwie habe ich aber die Schlafzimmertür nicht richtig geschlossen. Meine Katzen verstehen das immer als Einladung, es sich auf meiner Decke bequem zu machen. Meine kleine Chichi wohnte noch nicht lange bei uns, sie ist auf einem Tierschutzhof aufgewachsen, und war noch ein bisschen scheu. Wenn sie sich dem Kater bei der Luxusschlafplatz-Eroberung anschloss, so legte sie sich immer vorsichtig ans Fußende. An diesem Abend

*verhielt sie sich ungewöhnlich: Sie stakste sich durch bis zum Kopfende,
auf voller Leistung schnurrend, und strich mir eine Weile um den Kopf.
Dann legte sie sich mit auf mein Kissen und schmiegte sich so nah an
mich, wie sie konnte – wie eine kleine, lebendige Pelzmütze. Ihre Vorderpfoten ruhten auf meiner Stirn, der Rest war um meinen Kopf he-
rumgewickelt – plus Vibration vom Feinsten. Natürlich war ich glücklich, dass sie mir ihr Vertrauen schenkte, doch ich glaube, dass sie noch
etwas anderes zum Ausdruck bringen wollte. Übers Wochenende muss
sich meine Aura verändert haben. Wir hatten ja daran gearbeitet und
Chichi muss das wie auch immer gespürt oder gesehen haben und nutz-
te die Gelegenheit zu einem Bad in meinem gereinigten und pulsieren-
den Scheitelchakra. Chichi bedeutet übrigens soviel wie „doppelte Lebensenergie" und in jedem Fall ist sie eine kleine Expertin, was
Energiearbeit angeht."*

Farben haben physikalisch messbare Schwingungen. Unsere Katzen können das wahrnehmen und weisen auch in Kommunikationen immer wieder darauf hin, wo sie oder ihre Menschen farblich
gesehen Defizite oder Überschüsse haben.

Es geht also nicht um eine optische Wahrnehmung, sondern um
die Schwingung der Farben. Um unsere Chakren und die Aura.

Experimentieren Sie einfach selbst mit den Wirkungen der verschiedenen Farben. Am eindrücklichsten ist es, sich mal ganz in
Schwarz vor den Spiegel zu stellen, und dann in Bunt.

Gemerkt? Nichts gegen das kleine Schwarze oder den modischen
Kick. Energetisch gesehen tun wir uns auf Dauer jedoch „ganz in
Schwarz" keinen Gefallen. Gehen Sie bewusst mit dieser Farbe um!

In medizinischen Studien wird ein Zusammenhang hergestellt
zwischen einer erhöhten Rate an Demenzerkrankungen in Län-
dern, in denen Witwen und ältere Frauen generell über Jahre nur
schwarz tragen. Schwarze Autos haben signifikant mehr Unfälle.

Jetzt aber bitte keine neue Angst vor schwarzen Katzen: Fellfarben und natürliche Pigmentierungen lassen keinen Aufschluss auf solche Dinge zu. Wohl aber macht es etwas mit uns, wenn wir die natürlichen Farben (wie auch Formen) künstlich verändern oder sie (etwa durch Kleidung) überdecken. Jede Farbe hat eine Schwingung auf einer bestimmten Frequenz. Schwingungen sind Energie. Und Energie beeinflusst Mensch und Tier. Auch Stress und Krankheiten lassen sich mit ein wenig Feingespür und Schulung in unserer energetischen Hülle fühlen.

Und schon dem Energiekörper können wir Heilung zuteilwerden lassen, ihm einen Anstoß geben, sich zu regenerieren, bevor sich ein Problem auf der Körperebene in handfesten Symptomen manifestiert. Das funktioniert bei uns ebenso wie bei unserer Katze. Denn ihre Chakren sind analog zu unseren angeordnet. Also, aktivieren wir unsere Selbstheilungskräfte und machen uns fit für die Tierkommunikation!

Meditation drei: Gedankenreise – Chakren aufladen

Dies ist eine gute Meditation, um sich auf eine Tierkommunikation einzustimmen oder auch, um sich zwischendurch im Alltag einen kleinen Energie-Kick zu holen. Die Art der Energie bestimmen Sie selbst. Bitten Sie einfach das Universum um das, was Sie brauchen: Heilende, beruhigende, energetisierende, schöpferische oder harmonisierende Energie – was immer Sie möchten. Und vergessen Sie nicht, sich dafür zu bedanken.

Setzen Sie sich bequem hin, die Wirbelsäule frei und aufrecht. Entspannen Sie Ihre Muskeln, lassen Sie die Schultern sinken. Entspannen Sie auch das Kiefergelenk. Arme und Hände liegen locker auf den Oberschenkeln, so wie es für Sie angenehm ist.
Richten Sie Ihre Aufmerksamkeit auf Ihre Atmung.
Stellen Sie sich vor, wie sich über Ihnen die Zimmerdecke öffnet.

Helles reines Licht füllt den ganzen Raum aus. Mit jedem Atemzug nehmen Sie ein wenig von diesem klaren Licht in sich auf. Es füllt ihre Lungen, den Bauchraum. Es breitet sich aus und durchströmt jede Pore Ihres Körpers. Es füllt Sie mit lichtvoller Energie. Alles, was dunkel und verbraucht ist, muss diesem Licht weichen. Es verlässt Ihren Körper mit dem Ausatmen.

Alles Verbrauchte und Alte verlässt Ihren Körper. Alles in Ihnen ist Licht. Sie sind Licht. Mit jedem Atemzug mehr. Das Licht füllt jede Pore, jedes Organ, jedes Körperteil. Es fließt durch Beine und Füße bis in die Zehen, bis in den Boden unter Ihnen. Es strömt durch Ihre Arme und Hände bis in die Fingerspitzen. Und breitet sich weiter aus, überall im Raum, sogar durch die Wände hindurch. Alles in Ihnen und um Sie herum ist von Licht durchflutet.

Gehen Sie mit Ihrem Fokus in den Energiekörper. Sie können die Lichtenergie gezielt in alle Chakren schicken. Lassen Sie Licht ins Kronenchakra strömen und spülen Sie es mit Licht. Alles Verbrauchte atmen Sie aus. Es geht ganz einfach.

Mit dem nächsten Atemzug schicken Sie Licht in Ihr Stirnchakra. Sie fühlen, wie es leicht wird und frei, wie es sich öffnet und pulst ...

Jetzt atmen Sie Licht in Ihr Halschakra. Der Atem fließt und das Licht breitet sich aus. Überall ist Licht. Lassen Sie das Licht weiter in Ihr Herzchakra fließen. Es wird liebevoll gereinigt und aufgefüllt durch das heilende Licht aus dem Universum. Spüren Sie die Wärme in Ihrem Herzen, spüren Sie, wie sich Licht und Liebe in Ihrem Herzchakra ausbreiten, Sie durchfluten. Altes wird gelöst und verlässt Sie mit dem Atem. Es wird aufgesaugt und aufgelöst im Licht.

Ihr Solarplexuschakra wird aktiviert, es öffnet sich, dreht sich schneller, wird angefüllt mit reinem weißen Licht aus dem Universum. Ihre Energie strahlt förmlich aus Ihnen heraus.

Das Licht fließt weiter hinab und badet Ihr Sakralchakra in reiner, klarer Helligkeit. Ihr Bauchraum ist voller Licht.

Sie fühlen, wie sich die Wärme des kosmischen Lichtes ausbreitet. Alte Schlacken werden gelöst. Die lichtvolle Energie bringt Sie in die Gegenwart und löst Sie von Altem, Verbrauchtem. Und schließlich wird auch Ihr Wurzelchakra mit Licht angefüllt. Alles Dunkle und Verbrauchte verlässt Ihren Energiekörper mit dem Ausatmen. Das helle Licht umgibt Sie mit Schutz und Fülle, es verleiht Ihnen Erdung und Wirkungskraft. Sie spüren das kosmische Licht wie reine, pure Lebensenergie in sich wirken und pulsen. Alles fließt. Sie sind ein Teil des Ganzen. Ihr Atem strömt sanft ein und aus und trägt dabei alle Energien an ihren Platz. Alles ist Licht. Was Sie ausgeatmet haben, hat sich in Licht verwandelt.

Verweilen Sie einen Augenblick in dieser Erdung, in diesem Frieden. Ruhen Sie in Ihrer Mitte, im Gleichgewicht zwischen Himmel und Erde.

Dann kommen Sie allmählich wieder ins Hier und Jetzt zurück. Spüren Sie Ihre Füße, bewegen Sie die Zehen auf dem Boden unter sich, und dann öffnen Sie langsam wieder die Augen.

Um damit zu arbeiten, können Sie sich diesen und die anderen Gedankenreisen-Texte in diesem Buch einfach auf Kassette sprechen und zum Meditieren abspielen. Falls Sie Ihre eigene Stimme aber als gewöhnungsbedürftig empfinden – ich bin dem Wunsch vieler Seminarteilnehmer gefolgt und habe eine Auswahl von Gedankenreisen zur Tierkommunikation mit Musik aufgenommen. Die Versandadresse finden Sie im Anhang.

Josie und Sonja

Josie ist eine Katzendame, ca. zehn Jahre alt

Protokoll vom 19. April 2007

„Ist ein wenig still hier geworden, aber sonst ist alles gut und ruhig. Gefällt mir so. Ich habe Zeit nachzudenken. Manchmal ist es ein wenig langweilig, wenn Frauchen fort ist, aber ich kann viel schlafen. Regene-

riere mich. Sie soll ihre Ideen nicht vernachlässigen, tun, was sie meint und nicht vergessen, was sie geplant hatte. Sie hat es vorgehabt, aber es kam ihr immer was anderes dazwischen. Das ist schade. Sie will sich doch weiterbilden und meine Gesundheit dabei auch nicht vergessen. Ich möchte rauskönnen. Dann kann ich mir die Gesellschaft selbst suchen, die ich mag. Warum geht das nicht?

Kinder wären schön, aber dafür ist es ein wenig spät. Ich weiß nicht, ob ich eine kleine Katze haben möchte oder lieber einen Kater. Es muss eine sein, die zu uns passt. Wenn Frauchen auf die Suche geht, wird sie schon einen finden, der sagt: Ich bin es. Dann können wir es ausprobieren. Aber keinen wilden. Er muss zu mir passen. Sie wird es sehen, wenn er dran ist. Sie wird ihn finden oder er uns.

Manchmal fehlt mir mein Gefährte. Aber ein Teil von ihm wird immer hier bei uns sein. Er war eine große Liebe von Frauchen, und auch ich vermisse ihn. Aber es war seine Zeit und es ist gut so. Wir haben alles richtig gemacht und Frauchen auch. Da ist immer so viel Zerrissenheit bei den Menschen, wenn es ans Sterben geht. Wieso eigentlich? Es ist doch Teil des großen Plans. Wir haben ihm zugestimmt und wissen es schon vor der Geburt, dass wir hier nicht ewig in dieser Form sind.

Mir geht es soweit gut. Manchmal erschrecke ich mich vor Geräuschen um uns herum. Ich mag nichts Lautes, oder was so ganz leise tickt. Nein, das hört ihr nun wieder nicht. Feine Energien, die uns schaden. Elektrosmog. Ich mag die Wärme und das Bizzeln. Aber es schlaucht auch. Deswegen schlafen Katzen so viel.

Ich bin ein scheues, zierliches Wesen. Aber ich habe viel Geist und Präsenz. Ich wache und passe hier auf viele Dinge auf. Frauchen ist mir wichtig. Aber sie müsste auch mehr raus und frische Luft haben und Menschen treffen und sich verpaaren. Auch geistig.

Mir geht es gut. Manchmal kratzt es im Hals und den Lungen. Leber. Manchmal ist das Essen zu fett. Ich mag die Katzentoilette nicht. Nicht die Einstreu, nicht den Ort, und vor allem, wenn da schon eine Kleinig-

keit drin ist, auch Pipi, dann will ich da nicht mehr hin, ist unrein dann. Was soll das. Wir haben doch eine Lösung. Zeitungspapier, Blumen-erde/Blumentöpfe und Sand. Mag ich viel lieber. Meine Haut ist emp-findlich, mag kein Trockenfutter mit Chemie darin. Nassfutter ist sehr schön, aber nicht aus der Dose. Und manchmal brauche ich auch etwas für meine Zähne. Es knackt schön, ich knurpse gern. Etwas Abwechslung täte mir gut. Ich darf nicht alle Grünpflanzen an-knabbern. Sehe gern zum Fenster raus und beobachte Vögel. Frauchen ist meine Sonne. Ich wärme mich gern."

Kommentar von Sonja

„Ich bin überzeugt davon, dass jedes Gespräch, das Sie in dieses Buch aufnehmen, für irgendeinen Leser hilfreich sein wird und somit auch für die dazugehörigen Katzen – und wenn Josie und ich einen Beitrag dazu leisten können – umso besser! Tja, wie ist es Josie und mir seitdem ergangen – ich habe das Gefühl, dass Josie und ich uns, nach diesem Gespräch mit Ihnen, viel näherstehen. Ich sehe sie irgendwie mit anderen Augen. Es ist ein ganz tiefes Verständnis zwischen uns und viel, viel Nähe entstanden. Einfach schön.

Ein schönes Gefühl ist auch zu wissen, dass ich meinem Katzen-mädchen viel bedeute, und dass sie Vertrauen zu mir hat und wei-ter in mich setzt.

Einen passenden Gefährten für meine Mietze hab ich noch nicht gefunden – ich habe auch ehrlich gesagt noch nicht so intensiv mit der Suche begonnen. Das liegt aber wohl eher daran, dass Josie mir das Gefühl gibt, dass es zurzeit nicht unbedingt zwingend erfor-derlich ist. Wer weiß, wozu es gut ist – möglicherweise findet der Gefährte ja dann eher zu uns. Das Problem mit dem „Häufchen" neben die Toilette setzen gehört übrigens der Vergangenheit an. Nachdem ich anfänglich dachte, es könnte mit Zeitungspapier klap-pen (dies aber seitens Josie völlig ignoriert wurde) habe ich die Einstreu von der grobkörnigen, kompostierbaren zu einer ganz feinen sandigen Einstreu gewechselt und die Toilette vom Bad ins Büro umgestellt – und siehe da – seitdem geht meine Kleine zur Erledigung aller »Geschäfte« schön brav dorthin.

Zur Tierkommunikation bin ich durch eine Freundin gekommen, die damals zu Ihrem Pferd Kontakt aufnehmen ließ. Es war das erste Mal, dass ich erfuhr, dass es so etwas gibt. Dieses Thema hat mich von der ersten Minute an gefesselt und ich hab mir fest vorgenommen, selbst irgendwann Tierkommunikator zu werden (in den vergangenen drei Jahren hat's mich aber finanziell derart gebeutelt, dass ich es mir bisher nicht leisten konnte – das hat Josie vermutlich damit gemeint, als sie sagte, ich solle mein Ziel nicht aus den Augen verlieren, weil es auch ihr zugute käme).

Tja, irgendwann habe ich dann die Bücher von Carola Lind und Ihnen entdeckt (aber auch von anderen Autoren) und hab sie verschlungen. Als dann mein Kater so krank wurde und ich mit Tierärzten und Homöopathie nicht mehr weiterkam, fiel mir die Tierkommunikation wieder ein. Ich hab mich dann auf Ihrer Homepage eingeloggt, weil ich der Meinung war, dass Sie aufgrund Ihrer Erfahrung die Richtige für uns sind. Was sich für mich durchaus bestätigt hat.«

Sonja Grzella, Nidderau

Grenzen der Tierkommunikation

Wenn wir Tierkommunikation als den sechsten Sinn bezeichnen, wird daraus eigentlich schon deutlich, dass es noch fünf andere Sinne gibt, die zumindest in der Rangfolge wichtiger sind als dieser sechste – andernfalls hätten wir ja die Telepathie im Sprachgebrauch als Sinn Nummer eins, zwei, drei, vier oder fünf verankert. Haben wir aber nicht. Das sollte uns zu denken geben.

Alles das, was Sie mit Ihren übrigen fünf Sinnen erfassen, ist nach wie vor sehr wichtig. Und das, was Sie an Fachwissen, an gesundem Menschenverstand, an logischem Denken, und was weiß ich noch, in petto haben – nutzen Sie es nach wie vor! Dann werden Sie auch das, was Sie mit dem sechsten empfangen, richtig einordnen. Nichts ist schlimmer als ein Tierdolmetscher (oder jemand, der sich dafür hält), der die Bodenhaftung verliert.

Die Kommunikation mit unseren Fellnasen ist ein wunderbares Werkzeug, wenn wir es richtig anwenden und seinen Stellenwert begreifen: Der sechste Sinn ist eine Ergänzung der übrigen fünf, kein Ersatz dafür.

Eine Kommunikation ersetzt auch niemals eine Behandlung. Reden und heilen sind zwei paar Schuhe. Das leuchtet ein, auch wenn die Übergänge schon hier manchmal fließend sind – denken wir doch mal an die Psychotherapie bei uns Menschen.

Telepathie kann nicht alles. Sie macht aus einem Schaf keinen Fleischfresser und aus einem Hund kein Lamm.

Ihre Katze wird das Mausen nicht lassen, weil Sie sie telepathisch darum bitten. Alles hat Grenzen. Der Rest wäre Hokuspokus, und daran glauben wir nicht.

Natürliche Grenzen

Wann funktioniert eine Kommunikation mit Ihrer Katze nicht? Schauen wir auf die Voraussetzungen, die wir benötigen, um uns telepathisch einzuschwingen, ist es eigentlich ganz logisch:

Telepathische Kommunikation wird behindert durch
► Stress (negativer und positiver)
► Angst, Panik
► Triebe, Instinkte
► Freier Wille

Das sind natürliche Grenzen, die unsere telepathische Leitung stören. In solchen Situationen kommt entweder gar kein Kontakt zustande oder er bricht schnell wieder ab – und das gilt für beide Seiten. Versetzen Sie sich in die Lage Ihrer Katze: Wenn Sie Angst vor Spinnen hätten, würden Sie sicher in aller Ruhe zuhören können, wenn Ihnen jemand erklärt, wie harmlos diese kleinen achtbeinigen Gesellen sind. Sobald man Ihnen eine auf die Hand setzen würde, wäre wohl keine Rede mehr davon. Wenn unsere Katzen in einen Kampf verwickelt sind, sie Beute schon gepackt haben, oder rollig einem stattlichen Kater begegnen – vergessen Sie's! Oder würden Sie da ganz entspannt Ihrem Menschen zuhören wollen? Neeeeh, da hätten Sie anderes in sämtlichen Sinnen ... Ihrer Katze geht's ebenso. Und einen ausgeprägten freien Willen hat sie ohnehin. Glauben Sie, dass Telepathie daran etwas ändert? Nein.

Sie können Ihre Katze rufen, anschreien, flüstern, in Gedanken ansprechen – oder in Indien platzt ein Sack Reis. Wenn sie etwas nicht will, dann will sie nicht. Warum sollte sie auch?

Die Möglichkeit, sich miteinander auszutauschen, sich verständlich zu machen, zuhören zu können und Informationen zu erhalten, bedeutet nicht, dass die Katze dann brav nach unserer Pfeife tanzt. Aber: Wir können sie besser verstehen, wir können manches Menschending sicher katzengerecht erklären und manche Katzenverhaltensweise erklärt bekommen. Und weil wir ja die schlauen Menschen sind, fällt uns dann vielleicht etwas ein, womit wir die Katze glücklich(er) machen können. Jeder möchte dort abgeholt werden, wo er oder sie steht. Unsere Katzen erst recht. Also: Motivieren Sie Ihr Katzentier doch mal mit dem Werkzeug der Gedankenübertragung. Seien Sie erfinderisch, erklären Sie etwas so, dass es Ihre Katze versteht, und dass es in ihre Welt passt. Dass sie selbst plötzlich Lust hat, dies oder jenes Verhalten zu ändern ... oder freunden Sie sich damit an, dass sie die klügeren Argumente hat.

Denn manchmal erweisen sich unsere vierbeinigen Hausgäste plötzlich als überraschend kooperativ und geben ihren Trotz auf, wenn wir am wenigsten damit rechnen. Es geschehen noch Zeichen und Wunder, wie etwa bei Brummel von Carola Eggers. Man muss doch nur miteinander reden!

„Bei uns lebt seit drei Jahren eine sehr eigenwillige Katze mit Namen Brummel. So wurde sie von der Tierärztin genannt (da sie immer so schön brummte), die ihr leider im Alter von 8 Wochen ein Hinterbein amputieren musste.

Wir bekamen sie mit zehn Wochen, da die ursprünglichen Besitzer eine dreibeinige Katze „nicht schön" fanden und sie hat sich mit der Behinderung, die für sie kaum ein Handicap ist, prima entwickelt.

Leider ist sie nicht nur sehr eigenwillig, sondern auch eher eine Einzelgängerin. Umso härter traf es sie, als wir aus dem Sommerurlaub einen zehn Wochen alten Kater mitbrachten, der vor Ort gestorben wäre. Nach einer sofortigen Operation verlor er zwar ein Auge, entwi-

ckelte sich aber prächtig und wurde von Tag zu Tag selbstbewusster und frecher.

Mit unserem Kater Emil verstand er sich gut, aber Brummel kam nur noch kurz zum Fressen ins Haus und erwiderte seine Annäherungsversuche mit extremer Aggression. Wir hofften jeden Tag auf Besserung, aber ihr Verhalten blieb unverändert.

Zehn Wochen nach seiner Ankunft hatte ich bei dem Kommunikationsseminar von Karin Brummel im kleinen Kreis vorgestellt und versucht, etwas über ihren Seelenzustand zu erfahren. Sie war, wie es ihrer Art entspricht, einsilbig und nicht sehr kooperativ und schien sich sehr unwohl zu fühlen.

Als ich abends nach Hause kam, begrüßte mich mein Mann allerdings schon an der Tür mit den Worten: ,Ihr habt bestimmt mit Brummel gesprochen, oder?'

Kurz nach dem Zeitpunkt des Gespräches mit ihr war sie hereingekommen, hatte sich wie selbstverständlich aufs Sofa gelegt und geschlafen (was sie seit zehn Wochen nicht mehr getan hatte). Dort lag sie noch, als ich kam und was das Erstaunlichste ist, sie ignorierte den kleinen Kater weitestgehend! Ein völlig neues Verhalten! Dieses Verhalten hat bis heute angehalten, es ist durch die Kommunikation mit ihr eine grundlegende Veränderung eingetreten, für die wir sehr dankbar sind."

Was für unsere Tiere gilt, hat natürlich auch für uns Geltung: Unter Stress, in Zeitdruck, wenn wir unbedingt wollen oder uns sonstwie anspannen und unter Druck setzen, werden wir keine guten Kommunikationen hinbekommen. Entspannen Sie sich! Lockerbleiben! Fühlen Sie sich ein und lassen Sie es laufen.

Ethische Grenzen

Tierkommunikation hat für mich sehr viel mit Respekt, Demut und Verantwortung zu tun. Ich behandle dieses Werkzeug wie ein rohes Ei.

Ich sehe auch die Seelen unserer Tiere wie rohe Eier an. In den richtigen Händen schützt die Kommunikation wie eine Eierschale das Tier in seinem Inneren.

Grundsätzlich beginne ich die Kommunikation mit einem mir fremden Tier nur unter ganz bestimmten Voraussetzungen. Ich möchte die Bereitschaft beim Menschen spüren, dass er es ernst meint. Dass er gewillt ist, neu hinzuschauen, Dinge zu ermöglichen, die er ermöglichen kann und gut abzuwägen, was wirklich nicht geht. Ich klopfe also die Motivation ab.

▶ **Ich kommuniziere nicht, um ein Ego zu befriedigen, weder meins noch das des Besitzers.**
Heißt: Ich muss nichts beweisen oder jemandes Neugier befriedigen. Oberste Priorität hat für mich das Wohl des Tieres, nicht die Eitelkeit eines Menschen.

Dazu gehört in direkter Schlussfolgerung, dass ich einem Protokoll nichts hinzufüge oder etwas weglasse. Ich dolmetsche so wörtlich wie möglich. So empfinde ich diese Aufgabe: Ich bin Kanal, Sprachrohr, Werkzeug – und ich setze die Bereitschaft des Menschen voraus, sich ebenso auf sein Tier einzulassen. Auch wenn er oder sie manches vielleicht nicht wahrhaben will.

Wenn ein Tier über ein Thema schweigen will, oder gar nicht mit mir kommunizieren mag, respektiere ich das auch. Ich bohre nicht im Auftrag nach, nur weil eine Frage auf meiner Liste steht.

▶ **Die Kommunikation mit einem Tier soll nur einem Zweck dienen: Dem Tier dienlich sein, zu seinem Wohl geschehen.**
Jedwede Manipulation im Sinn eines sportiven „schneller, höher, weiter" lehne ich ebenso ab wie eine Kommunikation, um andere, fragwürdige Zwecke des Menschen zu befriedigen oder den „schwarzen Peter" seinem Tier zuzuschieben. Dazu kommen wir noch.

„Sagen Sie meiner Katze bitte, dass sie ihre Beute nicht ins Haus bringt – egal ob tot oder lebendig!", „Ich will nicht, dass sie tötet, deswegen darf sie nicht raus." ...

Eine Katze ist eine Katze, ist eine Katze ... versetzen Sie sich in die Lage Ihres Stubentigers: Ist er wirklich glücklich, nur in der Wohnung eingesperrt? Entspricht es seiner Natur? Oh ja, es gibt Katzen, die gar nicht raus wollen. Aber es gibt sicher noch mehr, die gern mal die Welt jenseits der Fensterscheiben erkunden würden, sich mit Nachbarskatzen balgen, um schicke Damen buhlen, oder Stunden vor einem Mauseloch verbringen, um den Jagderfolg dann stolz zuhause vorzuführen.

Wenn Sie einen Pflanzenfresser als Haustier möchten, dann sollten Sie sich nicht für eine Katze entscheiden. Es ist wider ihre Natur. Ihre Katze schüttet in einer Kommunikation vielleicht ihr Herz über ihre Bedürfnisse aus. Allzu oft stülpen wir unsere Wünsche übers Tier. Denken sie darüber nach, nehmen Sie Ihr Tier ernst – in seiner Welt, seiner Art entsprechend.

▶ **Ich kommuniziere nur mit dem Einverständnis des Tierbesitzers.**

Nur der Tierbesitzer hat die Handhabe und Möglichkeit, Dinge im Sinn des Tieres zu verändern. Sein Interesse ist dafür Grundvoraussetzung. Wenn ich auf stur schalte, weil der Besitzer in meinen Augen stur ist, nutzt es dem Tier nichts. Es ginge dann wieder nur rein um mein Ego. Das wäre, als ob ich meinen Ball gegen eine Wand werfen würde, mich aufrege und dabei brülle: „Nun fang doch, du dumme Wand!"

Für das Tier etwas erreichen kann ich nur, wenn ich in einem Boot mit dem Besitzer bin.

Und nur dann kann ich auch der Erwartungshaltung eines Tieres gerecht werden.

Wenn Sie das Gefühl haben, etwas sei nicht in Ordnung mit einer Katze, die sie kennen, wenden Sie bitte diplomatisches Geschick an.

Wie würden Sie in der Situation gern angesprochen werden? Wenn man Ihnen die Wahrheit wie einen kalten Lappen um die Ohren drischt, oder wenn man sie Ihnen hinhält wie einen Mantel, in den Sie hineinschlüpfen können? Und in Zeiten, in denen es nicht ums Reden geht, sondern ums Handeln – da wäre auch eine Tierkommunikation fehl am Platz. Wenden Sie sich an Polizei, Tierschutz oder Staatsanwaltschaft und lassen Sie das Jammern – das kostet nur Energie, die Sie anderweitig sinnvoller einsetzen können.

Davon abgesehen, nur weil eine Tür offensteht, gehört es sich einfach nicht, das Innere zu betreten, wenn wir keine Erlaubnis haben. Würden Sie es gutheißen, wenn jemand hinter Ihrem Rücken mit Ihrer Katze kommuniziert und ihr Geheimnisse entlockt?

▶ **Keine leichtfertige Kommunikation mit verstorbenen Tieren.**
Jetzt geht's an Ihr Weltbild: Wenn wir nicht glauben, dass es nach dem Tod irgendwie weitergeht, erübrigt sich die ganze Diskussion für Sie und Sie können einfach weiterblättern.

Wenn Sie das Gefühl haben, wenn Sie daran glauben, dass es etwas wie ein Jenseits, eine Seele gibt, die nach dem körperlichen Tod weiter existiert, dann halten Sie einen Moment inne und prüfen Sie sich selbst:

Ist es für diese Seele, für ihr Fortschreiten und Weiterentwickeln wichtig, für uns Hinterbliebene etwas (auf)zuklären?

Geht es in Wirklichkeit also eher um Sie? Um ein schlechtes Gewissen, um Schuldgefühle, Neugier, Nicht-Loslassen-Können ...?

Das ist nicht schlimm, daran kann man arbeiten, Trauerarbeit ist sogar sehr wichtig. Aber dafür brauchen Sie die Seele Ihres Tieres nicht zu behelligen.

Lassen Sie Ihre Katze in Frieden ruhen – oder weiterziehen.

Lediglich in einem winzigen Bruchteil aller Fälle, die mir angetragen werden, in denen tatsächlich die Seele des Tieres ein Thema hat, vielleicht den Weg ins Licht nicht findet, nur da ist für mich ein Kontakt angezeigt. Und das gehört nur in die Hände von Profis, die sich nicht leichtfertig und rein „im Kundenauftrag" in diese Gefilde begeben. Zusammengefasst können wir uns also sicher einigen, wenn wir sagen:

▶ **Wir kommunizieren nur zum Wohl des Tieres.**

Unsere Tiere erwarten sehr viel von uns, wenn wir beginnen, mit Ihnen in Kontakt zu treten. Wenn wir Interesse nur heucheln, wenn wir dann wieder in unsere ausgetretenen Pfade fallen und aus Bequemlichkeit nichts ändern – ihre Wünsche nicht ernst nehmen – wen wundert es dann, wenn sie sich enttäuscht zurückziehen? Wir leben zusammen, aber jede Art, jede Spezies hat ihre eigenen Bedürfnisse und auch ihre eigene Sicht der Welt. Manches wird uns immer fremd bleiben, wir müssen uns arrangieren, Kompromisse schließen.

Und manchmal dürfen wir auch einfach nur schmunzeln, so wie Silvia Graf: *„Letztens bin ich einer meiner Katzen in der Kommunikation eine Antwort schuldig geblieben. Kissy war mit der Pfote auf das heiße Ceranfeld gekommen und hatte sich leicht verbrannt (dabei passe ich immer so auf!). Als sie ein paar Tage später sah, dass ich mich am heißen Topfdeckel verbrühte, kam die Frage: ‚Du weißt doch auch, dass das heiß ist, warum packst du denn da dran?' Darauf wusste ich keine schlüssige Antwort. Wo sie recht hat, hat sie recht."*

🐾 Pepe, Khali und Claudia

Pepe ist ein 16 Jahre alter Kater

Protokoll vom 21. Januar 2007

„Ich bin traurig. Es ist schwer. Ich werde wohl bald gehen müssen. Und Frauchen macht sich Sorgen. Sie nimmt es nicht so gelassen und ich lasse sie auch nicht gern so einfach zurück. Es ist schwer. Ich habe einen dicken Kloß im Bauch.

Ich mag nicht mehr essen, etwas anderes isst in mir. Wird größer und stärker. Ich habe zu viel in mich hineingenommen, was nicht guttat. Frauchen hat viel Kummer. Es ist schwer. Wegen Frauchen. Ich bin alt. Ich möchte demnächst irgendwann mal gehen, aber ich kann noch nicht. Wir müssen hier doch erst noch Dinge klären. Es ist schwer gerade. Lunge und Herz. Bin doch ihr Teddy. Ich möchte Frauchen vorbereiten. Ich bin voller Liebe für sie. Aber ich bin auch müde. Schmerzen sind da im Moment keine, aber sie werden zunehmen. Damit kann ich umgehen, aber nicht mit ihrem Kummer. Sie soll fröhlich sein, sich mit mir erinnern an die schönen Jahre und guten Tage. Ich bin behäbig. Es ist Katzenschicksal, wir bekommen oft Gewüchse. Das ist, weil wir federn und aufnehmen. Energien halt. Das ist gut so. Für die Draußenkatzen ist es ein Ausgleich, raus zu können, mir liegt das gar nicht so. Früher, ja, da war ich auch mal ein Jäger, von Schatten an der Wand und so. Gardinen, da verfangen sich Klauen gern mal. Aber es macht Spaß. Jetzt fühle ich mich alt und leer. Auch voll. Mit Wissen zum Beispiel. Wenn ich auf Frauchens Bauch liege, erzähle ich ihr vom ganzen Universum. Sie soll nicht traurig sein. Bitte. Ich liebe sie sehr. Da ist etwas ganz Tiefes in uns. Tiefer als das Meer. Ein Ozean an Farben für sie. In meinem Schnurren liegt das Paradies. Ich verlösche wie ein Vogel, singend im Morgentau.

Ja, es ist schwer, aber das gehört dazu, wenn man leicht sein will. Ich kann nicht mehr so gut hopsen wie früher. Das tut in meiner Hüfte weh. Aber ich genieße frische, kühle Morgenluft.

Es hat noch Zeit, es ist ja nicht eilig, aber ganz allmählich wird mein Fell stumpfer und mein Augenglanz matt.

So, das war das Schlimmste, das loszuwerden war schwer und tat gut. Sie soll gut vorbereitet sein, weißt du? Ich erzähle es lieber vor dem Tag, der kommen wird. Es hat noch Zeit, ein wenig, ja. Sie soll nicht klagen, sie soll mich pflegen und auf den Schoß nehmen und nicht viel tun, vom Arzt her. Ich will sicher bei ihr sein. Wurmkuren sind oft so scharf, aber das ist es nicht, sind keine Parasiten da.

Ich bin einfach alt und mein Körper beschließt, sich allmählich zu verabschieden. Aber noch bin ich da und lasse mich auch von der zweiten Katze nicht vertreiben. Wir sind Freunde, soweit. Aber ich bin klüger und fauche auch mal. Sie kennt andere Spiele als ich. Die mag ich nicht so. Rauer, wilder. Sie lernt von mir. Er auch. Ich könnte ein bisschen von deiner Energie brauchen, sie tut gut. Strahlt Ruhe aus. Wir haben's hier schön gemütlich. Manchmal höre ich ein Rauschen (Züge fahren?).

Ich fühle mich wohl. Das möchte ich ganz klar sagen. Es ist nicht mehr alles so doll wie früher, aber ich will nicht klagen oder jammern, denn es war ein reiches Leben und das Alter ist ein Teil davon, genau wie die Jugend. Ich mag lieber Feuchtfutter als trockenes, das ist leichter für meine Nieren. Mag es gern, mit einer weichen Bürste gekrault zu werden, meine Haut ist empfindlich geworden. Oh, bitte tut nicht so, als wäre schon alles vorbei. Es ist da, das Leben. Draußen vor meiner Tür und hier drin, in meinem Herzen. Hörst du es schlagen? (Schnurrt) Es tönt vor Liebe und Frieden. Alles ist gut. Sag das Frauchen, das ist das Wichtigste. Wir haben uns, auch noch danach. Das ist doch Trost. Aber loslassen, das ist schon wichtig.

Ich werde alt. Das sind die Gründe. Sie soll es so nehmen wie ich. Ruhig, in Liebe und Frieden. Genießen wir doch einfach, was wir noch haben. Das ist mein Wunsch. Und kein Riesenbrimborium. Ich bin schwer und traurig, es wäre so schön, wenn Frauchen mir die Leichtigkeit zurückgeben könnte. Nur für ein paar Tage.

Ich sehe sie mit Liebe und großem Vertrauen. Sie wird fühlen, wenn es soweit ist, sie weiß es ja. In Dankbarkeit, wir haben alle Zeit der Welt."

Protokoll vom 21. Januar 2007
Khali ist eine Katzendame von 13 Jahren
„Ja, ich bin auch schon eine reifere Dame. Die Stimmung hier ist im Moment ein wenig gedrückt. Das geht auch an mir nicht spurlos vorbei, aber es ist nicht so, wie ihr Menschen es immer meint. Das ist nicht im-

mer alles so kompliziert. Wir kommen, wir gehen, und dazwischen blei-
ben wir eine ganze Weile. Und das ist doch schön und sollte gefeiert wer-
den, in jedem neuen Augenblick. Ihr Menschen, hört uns doch zu, wenn
wir unser leises Lied singen. Von der Ewigkeit im Frühling, vom Tanzen
in den Wolken, vom Singen in den Feldern. Das ist unser Gang, ein
Tanz. Mal wild, mal unendlich langsam. Ich kann gut kauern und lau-
ern, Fedi nicht so (so nenne ich ihn), er thront eher. Er ist mein Lehrer,
und ich bin die Lehrerin, wir ergänzen uns gut. Ich möchte manchmal
ohne Halsband sein. Er sieht auch schon nicht mehr gut, das war ihm
mal wieder nicht wichtig. Da hat man schon die Gelegenheit, na, was
soll's. Ich bin gern hier, genau wie er. Er ist im Moment die Hauptperson
und das ist auch in Ordnung. Papagei. Ich mag Vögel. Sie machen lus-
tige Geräusche. Aber ich will sie nicht immer um mich haben. Brauche
auch Ruhe.

Ich bin manchmal mürrisch, aber das liegt nicht an ihm. Ich bin dann
unzufrieden mit mir selbst und der Welt. Aber das vergeht schnell. Ich
schlafe viel, am liebsten auf „Bäumen", wie alle Katzen, auch das ist
Ausgleich, aber im Raum sind wir überall und nirgends. Da jagen wir in
anderen Dimensionen, träumen von anderen Universen und sind doch
immer und ganz hier, bei euch. Wir sind geborgen, wir sind sicher. Und
wir sind auf der Hut. Wir hören alles, lauschen viel, nach innen zumeist.
Haben Ahnungen für feine Schwingungen. Das Haus hier ist in Ord-
nung. Es ist ein guter Platz. Kenne anderes, doch hier ist alles heil. Nur
sind wir ein wenig traurig, wir bereiten uns vor auf einen Übergang. Fa-
sching wird es soweit sein, vielleicht. Was? Das sag ich nicht. Es ist ein
Katzengeheimnis.

Ich bin eine Jägerin, und stolz, und ja ich weiß, ich spreche gern in Rät-
seln, das ist unsere Katzennatur, zumal als Dame. Ich bin nicht alt, nur
klug.

Ich bin sauber und gepflegt, wir sind hier alle sehr musisch. Klavier. Lie-
be leise Töne. Rauch mag ich gar nicht. Meine Nase ist sehr empfind-
lich, und mein Schnäuzchen auch. Wir kommen an Frauchen nicht so

richtig ran. Sie ist manchmal ganz weit weg, unnahbar. Abstand, Distanz, sperrt uns aus vor ihrer Gefühlswelt, aber wir holen sie doch ein. Wir sehnen uns nach Frühling, beide. Nach wärmenden Sonnenstrahlen im Pelz. Langstrecken und schlafen, gekrault werden, etwas spielen und fangen und dann wieder dösen. Stundenlang könnte das so gehen. Nein, ich vermisse eigentlich nichts. Ein kleines rotes Spielzeug. Ball, fedrig. Im Futter darf keine Chemie sein, vor allem für den Kleinen (der noch kommt?), ich bin eine Dame, könnte aber auch gut Kinder erziehen. Aber es darf nicht laut sein. Ich finde den Staubsauger unmöglich. Ich putze mich doch auch selbst.

Es ist jetzt Schlafenszeit. Frauchen wird Fragen haben, dann soll sie sie stellen. Jetzt ist es Zeit, zu träumen. Seidiges Fell. Ich darf hier nicht überall hin. Er hat die älteren Rechte. Wir sind zusammen ein Paar."

Protokoll vom 20. Juli 2007

„Es ist ein bisschen leer geworden hier. Das macht nichts. Das ist sogar gut. Sie soll Pepe loslassen. Die Urne ist Erinnerung, aber auch Ballast. In unseren Herzen ist er richtig. Dort halten wir seine Schwingung, ohne ihn zu halten. Kreislauf des Lebens. Erde muss zu Erde zurück. Ist keine Zierde. Kein Kultobjekt. Keine Dekoration. Es ist gut so, wie es ist. Das zentrale Thema ist immer noch das Loslassen. Frauchen sollte sich noch von mehr Dingen trennen. Energetisch. Aufräumen, mit sich, auch innerlich. Das Wasser steht für die Traurigkeit, die nicht in Fluss geraten ist. Die gehalten wird.

Ich fühle mich manchmal eingeengt in meinem Körper. Kaum Luft für mich zum Atmen, Flüssigkeit, eng. Druck auf der Brust/Lunge. Aber es geht. Ich mache weiter. Ich bin hier und stütze sie. So gut ich kann. Aber es wäre schön, wenn sie mir ein wenig helfen würde. Loslassen, Tränen nicht zurückhalten, weinen. Aber nicht über die Dinge, die vorbei sind. Ruhen lassen, loslassen, vergeben. Da gibt es in jedem Leben so einiges. Wir unterstützen, wir saugen auf wie ein Schwamm. Ich fühle mich wie ein Schwamm. Es wäre gut, wenn Frauchen ihn ausdrückt, diesen Schwamm, ich bin nur im Außen, wie es im Innen wirklich ist.

Ich gehe gut mit meiner Krankheit um. Freue mich, wenn Frauchen das auch tut. Es ist so, wie es ist. Kein Grund zu hadern oder zu leiden. Es ist mein Körper. Warum soll ich ihm böse sein?

Meine Schmerzen sind erträglich. Die Medizin unterstützt. Pfote vorn ist ein wenig schwergängig.

Nein, ich bin nicht einsam, ich habe immer Gesellschaft, auch auf energetischer Ebene. Hier sind viele Seelen, die mich tragen und die mir tragen helfen. Wir sind nie allein. Ihr Menschen seht nur so wenig. Jeder Schauer hat eine Bedeutung. Wir sind geborgen. Ihr müsst nur wieder trauen, den Mut finden, zu spüren.

Pepe war mein Freund. Nun bin ich allein hier. Es werden weitere Katzen kommen und gehen. Wichtig ist, dass Frauchen loslässt im Guten, mit sich ins Reine kommt. Frieden findet.

Mir hilft eine Ausleitung von der Chemie. Die kleinen Kügelchen tun gut, sie kommen aber noch nicht an die Grenze der Blockade. Müssen weiter machen. Frauchen auch. Es würde helfen, wenn sie auch ein Mittel findet. Bioresonanz würde mich weiter unterstützen. Oder Kinesiologie.

Ich genieße Sonne und Schatten. Wäre gern ein wenig draußen im Gras mit Frauchen. Das Gefühl genießen. Können wir nicht Spaziergänge machen zusammen?

Mein Futter ist gut so. Stellt nichts mehr um. Ergänzt höchstens, aber mit natürlichen Bestandteilen, will nichts Chemisches/Künstliches. Ich genieße das Streicheln und die Bewegung und dann wieder Phasen der Ruhe. Aber Gras unter meinen Füßen, ein Park im Morgentau, ein Baum zum Krallenschärfen, das wäre schön. Ich mag gekochte Möhrchen mit Hühnchen.“

Kommentar von Claudia

„Liebe Frau Müller, seit meiner frühesten Kindheit beschäftige ich mich mit Tieren jeglicher Art. Ein Leben ohne Tiere wäre für mich nicht lebenswert. Diverse Tierbücher habe ich in den vielen Jahren gelesen, aber als ich das Buch „Gespräche mit Pferden" gelesen hatte, wusste ich, endlich hat jemand niedergeschrieben, was ich mir schon immer erhofft hatte. Es gibt eine nonverbale Kommunikation mit Tieren!

In meinem Haushalt leben (lebten) zwei Katzen, welche mir sehr nahestehen. Sie haben beide mit mir schon viel erlebt und durchgemacht. Leider erkrankte mein 16-jähriger Kater letzten Herbst sehr stark. Er hatte schon länger ein leichtes Herzgeräusch, welches ich aber zu ignorieren versuchte, da dies bei älteren Katzen oft der Fall ist und ich ihn nicht täglich mit Herzmedikamenten quälen wollte. Leider verschlechterte sich sein Zustand plötzlich. Pepe hatte Mühe mit der Atmung und wollte nicht mehr richtig fressen. Ich habe ihn mit Hilfe einer Homöopathin sanft unterstützt.

Zur selben Zeit erinnerte ich mich an das Buch „Gespräche mit Pferden" und entschloss mich, Ihnen ein Mail zu schreiben mit der Bitte, mit beiden Katzen zu sprechen.

Ich war Ihnen sehr dankbar, dass sie kurz darauf Zeit fanden, mit Pepe und Khali zu sprechen. Die Fragen habe ich relativ allgemein gehalten und war deshalb umso mehr erstaunt, als ich die Protokolle las. Pepe erwähnte, dass „es schwer sei, Lunge und Herz". Ich fand bei dem Tierarztbesuch, den ich dank Ihnen kurz darauf vereinbarte, heraus, dass Pepe Wasser in der Lunge hatte! Obschon ich unbewußt bereits ahnte, dass Pepe demnächst über die Regenbogenbrücke gehen würde, wollte ich es nicht wahrhaben. Pepe wusste es auch und das Gespräch gab mir die Möglichkeit, mich viel besser darauf vorzubereiten.

Pepe hat auch Khali erwähnt. Wie er sie beschrieben hat war unglaublich! Ich hätte es nicht besser sagen können! Wiederum hat Khali erwähnt, dass Pepe „eher thront", was er wirklich oft machte: Er saß sehr oft da, als wäre er der König im Haus und nichts könne ihn erschüttern.

Das Protokoll hat mir wirklich die Augen geöffnet. Ich hatte mich zu stark mit der Krankheit meiner Katze beschäftigt. Das war auch Khali bewusst und wurde von ihr erwähnt. Diese Situation hatte mich in die Tiefe gerissen und ich verlor meine Leichtigkeit. Anstatt die Zeit mit Pepe noch zu genießen, habe ich mich durch die Sorgen um ihn deprimieren lassen. Ich bin wirklich sehr dankbar, dass ich mich entschieden habe, Sie zu kontaktieren. Ich konnte die restlichen drei Wochen mit Pepe noch genießen und eines Morgens (nachdem Pepe den ganzen Tag davor nichts essen wollte, nicht einmal Putenbrust – sein Leibgericht) war mir klar, dass ich heute Pepe von seinen Leiden erlösen musste. Ich hatte das Riesenglück, dass mein Tierarzt zu mir nach Hause kommen konnte und somit durfte Pepe in seiner vertrauten Umgebung diese Welt verlassen. Ich möchte Ihnen nochmals herzlich für Ihren Beistand danken.

Ihr Protokoll hat mich gelehrt, nicht so sorgenvoll durch das Leben zu gehen. Es gibt Dinge, die sind so, wie sie sind und ich kann es nicht ändern. Es ist manchmal schwierig, diese Gedanken in die Realität umzusetzen, aber ich gebe mir alle Mühe, dies auch jetzt, wo Khali krank geworden ist, mir wieder in Erinnerung zu rufen und die Zeit mit ihr zu genießen und mich nicht allzu stark um die Zukunft zu sorgen."

Claudia Sigrist, Zürich

Was Verantwortung bedeutet

Jede Kommunikation, die wir mit einem Haustier führen, ist immer auch eingefärbt von uns persönlich. Davon, wie es uns geht, was wir im Kopf haben, es fließt immer auch ein Anteil von uns mit ein. Das sollten wir immer im Hinterkopf haben, auch und besonders, wenn es um Entscheidungs- und Gewissensfragen geht – etwa beim Thema Sterben und Tod. Sind wir frei genug, offen und möglichst objektiv den Wunsch des Tieres zu erfragen und zu ertragen? Wenn es uns schlecht geht, wir Magenkrämpfe haben und uns sterbenselend fühlen, denken wir in Wahrheit nicht wirklich ans Sterben – geschweige denn „gestorben werden". Tiere leben im Hier und Jetzt. Und es ist ein Riesenunterschied in einem Kommunikationsprotokoll, ob Sie übermittelt bekommen: „Ich möchte sterben" oder „Ich fühle mich sterbenselend".

Die Entscheidung über ein Katzenleben oder -sterben trägt kein Tierdolmetscher dieser Welt. Die Verantwortung bleibt immer beim Besitzer und sollte diesem immer bewusst sein. Wir tragen nicht nur als Tierdolmetscher, sondern auch als Tierbesitzer immer – ein Katzenleben lang – die Verantwortung.

Dafür, was wir unserem Tier an Lebensqualität geben. Wie wir für es entscheiden. Zu *seinen* Gunsten oder zu unseren? Wir sollten diese Verantwortung unserer Katze nicht zuschieben wie den „Schwarzen Peter" im Kartenspiel. Wenn wir beispielsweise Veganer oder Vegetarier sind – unsere Katze ist es nicht. Sie kann für eine gewisse Zeit einiges kompensieren – nicht auf Dauer.

Unsere Tiere sind uns im Wortsinn auf Gedeih und Verderb ausgeliefert.

Ein vierjähriges Kind beispielsweise wünscht sich vielleicht auch ein Kilo Schokolade gefolgt von einem Liter Eis – als verantwortlicher „Großer" stelle ich mich nicht daneben und füttere das Kind auch noch mit Dingen, die ihm nicht guttun – oder schimpfe und bestrafe es gar, wenn es anschließend Bauchweh hat. Genauso naheliegend ist, dass wir unsere Katzen nicht literweise mit Sahne oder kiloweise mit Thunfisch und Krabben füttern würden, nur weil sie sich das in einer Kommunikation vielleicht wünschen ... wir wissen manche Dinge besser als sie.

Will sagen, wir als Menschen sind unter Umständen in manchen Situationen „die Großen" für unsere Katzen.

Neinsagen und Selbstfürsorge

Manche Wünsche können wir nicht erfüllen, eben weil wir unserer Verantwortung nachkommen.

Dazu gehört, manchmal „Nein" zu sagen. Sei es zum Zeitpunkt einer Kommunikation (wenn Sie zulassen, dass Ihr Kater Sie regelmäßig morgens um drei weckt, um mit Ihnen telepathisch zu plauschen, sind Sie irgendwann tagsüber nicht mehr fit und tragen schicke Ringe unter den Augen) oder wenn es um die Inhalte geht. Wenn ich erfahre, wie beispielsweise jüngst im Vorfeld der Olympiade in China geschehen, dass Hunde und Katzen landesweit nicht nur von der Straße gefangen, sondern sogar zwangsenteignet und getötet werden, schäme ich mich, Mensch zu sein.

Aber hilft das? Nutzt diese Scham irgendjemandem?

Ich kann Petitionen unterschreiben, ich kann politisch aktiv werden, ich kann an die Öffentlichkeit gehen oder als Flugpate und mit Geldspenden helfen, Tiere aus Tötungsstationen (die es auch in unseren beliebten Ferienländern zuhauf gibt) zu befreien.

Ich kann vielleicht sogar eine bestimmte Anzahl solcher Tiere bei mir aufnehmen. Doch egal ob es eine, zwei oder zwanzig

Katzen bzw. Hunde sind – es bleibt ein Tropfen auf den heißen Stein. Das ist ein hartes Beispiel, ich weiß. Aber leider ändert sich nichts an der Tatsache: Keiner von uns kann allein die ganze Welt retten.

Und ab einer gewissen Grenze läuft man Gefahr, sich zu übernehmen. Dann kann man erst recht niemandem mehr helfen. Oberstes Gebot ist also: Selbstfürsorge! Wir müssen aus reiner Selbsterhaltung lernen, uns abzugrenzen. Und wir tun auch den Tieren keinen Gefallen, wenn wir Grenzen überschreiten. Im Zweifel wecken wir Hoffnung in Form eines Versprechens, das wir nicht halten können.

Es gilt, Grenzen zu ziehen, Nein zu sagen, uns auch unseren eigenen Tieren gegenüber in gesundem Maß abgrenzen zu lernen – damit wir umso besser kommunizieren und handeln können, wo es angezeigt und fruchtbar ist.

Kastration und Tod

Zu diesem großen Themenkomplex Verantwortung und Respekt gehört auch, Meinung zu beziehen zu Kastration und Tod.

Sicher, es ist Einstellungssache, ob ich meinen Kater oder meine Katze kastrieren lasse oder nicht. Beim Thema Einschläfern wird es noch brenzliger.

Schwierig empfinde ich die Situation, wenn ich als Tierdolmetscher ins Boot gezogen werden soll, um zu klären, ob das Tier dies *will*. Mit den Konsequenzen müssen Mensch und Tier leben. Aber – Beispiel Kastration – wir als Mensch tragen letztlich auch die Verantwortung für die Katzengenerationen, die nachfolgen würden. Vom Tier wäre es etwas viel verlangt, die Folgen abzusehen. Wie soll die Katze überschauen, was aus ihrem Nachwuchs und wiederum dessen Jungen wird? Eine Tierkommunikation fände ich in diesem Themenumfeld viel sinnvoller, um der Katze etwas zu *erklären*, nämlich was geschieht und warum. So, wie es Steff Ostendorf aus Groß-Ziethen mit Kater Friedrich machte, der dann noch eine ziemliche Überraschung für sie parat hatte:

„Vor einiger Zeit nistete sich im Herbst auf unserem Heuboden ein Kater ein. Er war sehr zerfleddert, dünn und wirkte recht mitgenommen. Nach ein paar Wochen fasste er auf meine Zusprache hin Mut. Er ließ sich streicheln und erzählte, er hieße Friedrich. Er hätte sich mit seinen Vorbesitzern gestritten und sei daraufhin abgehauen. Aber dieses freie Leben als halbwilder Kater behagte ihm nicht. Ihm war deutlich anzusehen, dass die ständigen Kämpfe mit den anderen streunenden Katern den Sommer über ihn sehr belastet hatten.

Also ließ er sich auf unserem Hof nieder und lebte den Winter über zusammen mit unserer Hofkatze Marie in der beheizten Futterkammer. Diese war bald genervt von ihm, da er immer den wärmsten Platz beanspruchte. Und auch ich fand Friedrich anstrengend. Er maunzte ständig und gab nicht eher Ruhe, bis er ausgiebig begrüßt wurde – von allen Hofbesuchern.

Doch ich dachte mir, wenn er uns ausgesucht hat, dann darf er natürlich auch bleiben. Schließlich fühlt man sich ja irgendwie geehrt dadurch. Als es im Frühjahr wieder warm war, war Friedrich völlig handzahm und vertrauensvoll. Damit war der Zeitpunkt für seine Kastration gekommen. Ein streunender Kater muss nicht unbedingt noch mehr kleine Katzen produzieren. Besonders hier auf dem Land herrscht noch die gängige Praxis, Katzenbabys, die man nicht verkaufen kann, umzubringen. Dafür wollte ich nicht verantwortlich sein. Also erzählte ich ihm von der geplanten Kastration. Für ihn war das ok.

Bei der Tierärztin benahm er sich auch sehr anständig, was ich so problemlos nicht erwartet hatte. Schließlich war Friedrich ja irgendwie halbwild. Nach der Operation durfte er unter meiner Aufsicht im Haus aufwachen und erst später wieder raus auf den Hof. Der Kater nahm alles gelassen hin und war auch nach dem Transport in der Box, Tierarzt,

Narkose etc. gar nicht misstrauisch geworden. Er blieb fordernd, laut und selbstverständlich Platzhirsch wie vorher auch.

Nach ungefähr vier Wochen, bis alle sicher waren, dass die Kastration gut überstanden war, verschwand Friedrich plötzlich.

Ich muss zugeben, nach anfänglicher Besorgnis war ich schon etwas erleichtert, denn er ging mir doch auf die Nerven mit seinem dauernden Gemaunze. Und Marie wirkte wie befreit.

Mit dem einzigen Foto, das ich von ihm gemacht hatte, nahm ich jedoch noch einmal Kontakt zu ihm auf. Er erzählte mir dann, es wäre eine schöne Zeit bei uns gewesen. Jetzt ginge es ihm gut. Ich solle mich nicht sorgen.

Doch ich wurde den Verdacht nicht los, dass der Hauptgrund für ihn, bei uns zu wohnen war, dass er kastriert werden wollte.

Nun habe ich für Karins Katzenbuch noch einmal Kontakt aufgenommen. Hier sind Friedrichs Worte:

‚Ja. Mir geht es gut. Ich sitze im Warmen, Trockenen. Hab mir wieder jemanden gesucht vor dem Winter. Eine alte Dame diesmal. Sehr nett. Gar nicht weit weg von dir. Sie liebt mich. Du hast mich ja nicht geliebt. Deshalb blieb ich nicht. Doch ich habe bekommen, was ich wollte. Die Kastration. Sehr erholsam hinterher. Was habe ich davor Prügel bezogen! Ich bin ein fauler Hund, das weißt du ja. Diese Straßenschlachten um die Weiber sind überhaupt nicht mein Ding. Ich mag es warm und gemütlich. Jetzt bin ich dick, rund und zufrieden. Hier werde ich wohl bleiben. Ihr seid sehr nützlich, ihr Menschen. Habt mir viel geholfen, mein Leben zu leben, wie ich will. Bin halt ein fauler Sack. Nicht jeder will sich fortpflanzen und ein großes Revier. Ich hab jetzt genau das, was ich will, immer wollte.

Danke, war 'ne nette Zeit bei euch. Auch mit Marie. Obwohl die mich nicht leiden konnte. Bis bald mal!'

Manche Entscheidungen können wir nicht auf unsere Tiere abwälzen, aber wir müssen sie deswegen noch lange nicht überrumpeln, wie uns auch Katze Mimi in einem Gespräch mit ihrem Frauchen Sonja bestätigt: „*Fass mich nicht am Bauch an. Das mag ich nicht, da hatte ich eine Operation. Meine Jungen sind mir weggenommen worden, da bin ich gegangen. Das ließ ich mir nicht gefallen. So geht das nicht, das ist gemein und dann habe ich mir meine Familie neu ausgesucht. Das war schön. Anfangs durfte ich nur im Keller schlafen, jetzt schlaf ich schon in Herrchens Bett. Schön weich und kuschelig, das mag ich. Ich fühle mich beschützt und aufgehoben dort. Da kann mir nichts passieren, auch wenn du immer Angst um mich hast. Vertrau mir, ich pass schon auf. Auch wenn ihr meine Vögel und Geschenke nicht schätzt. Das kann ich nicht verstehen, sie schmecken doch so gut. Das Kind mag mich so sehr, ich es nicht so. Sie hat sich nicht unter Kontrolle, muss sie erst noch lernen. Ich habe aber die Oberhand. Sie hatte mich einmal in Gefangenschaft, das tat weh. Jetzt passe ich auf. Sie ist so tollpatschig. Kühn bin ich und stolz. Mir macht keiner was vor, ich weiß immer Bescheid. Ich helfe, wo ich kann, kann sehr gut trösten. Frauchen braucht mich ganz oft, ist oft traurig. Das tut mir leid. Soll sich nicht so viel gefallen lassen und mehr mit mir reden. Sie ist nicht allein, ich bin ja schließlich auch noch da. Das tut gut, sich mal alles von der Seele zu reden. Das können wir öfter machen. Du hörst mir einfach nicht genug zu, nur wenn ich rein will oder wenn's dringend ist. Ansonsten hörst du weg, das ist frustrierend. Wenn du schon so toll mit Tieren reden kannst. Mir tut jetzt nichts weh oder so, aber ich bin schließlich auch noch da, nicht nur dein Pferd. Du wolltest doch unbedingt eine Katze, dann steh auch dazu.*"

Sterbebegleitung

Wir kaufen das Futter, wir bezahlen die Miete. Wir müssen im Zweifel entscheiden – auch über Leben und Tod.

Eine Katzenbesitzerin gestand mir einmal unter Tränen, dass sie ihre alte Katze schließlich habe einschläfern lassen, weil sie es nicht mehr ertragen konnte, dass sie ihre Häufchen über Monate hinweg nicht mehr im Katzenklo platzierte.

Es steht uns nicht zu, solche Entscheidungen zu bewerten.

Sie hat ihn sich nicht leichtgemacht, diesen letzten Gang zum Tierarzt und sie hat die Verantwortung für diesen Entschluss auf sich genommen. Egal wie wir eine Entscheidung treffen, wann und unter welchen Umständen: Es ist unser Weg. Niemand kann ihn uns abnehmen. Und wir sind es, die mit den Folgen und Konsequenzen des uns anvertrauten Tieres leben müssen:

„Man ist einem Tier körperlich oft näher als manchem Menschen. Man füttert es jeden Tag, streichelt es, pflegt es, es vertraut sich einem an mit Kinderaugen, ist immer da, ganz nah, im Bett, Wange an Wange, beim Spazierengehen, auf dem Schreibtisch, im Badezimmer. So eng habe ich noch nicht einmal mit einem geliebten Menschen zusammengelebt", schreibt die Buchautorin Anny Duperey über den Tod von Katzen. *„Der körperliche Verlust ist also enorm spürbar und sofort da. Da gibt es nichts zu theoretisieren, auf Abstand zu halten. (...) Keine Familie, die Sie abschirmt, stützt, kein Ritus, keine transzendierende Zeremonie, kein Leichentuch, kein Sarg, kein Sargträger, der es Ihnen erspart, einen leblosen und bald starren Körper zu tragen. Und wenn Sie über den Zeitpunkt des Einschläferns entscheiden, es töten lassen müssen, vertraut Ihnen sein unschuldiger, resignierter Blick auch darin. Da sind nur Sie, allein, und der Tod in seiner kruden Realität, den man sehen und mit Händen berühren kann, den man bis zum Ende aushalten muss. Wenn man kann ..."*

Nur wenige Katzen tun uns den Gefallen, sanft einzuschlafen, wenn ihre Zeit gekommen ist. Einige ziehen sich zum Sterben zurück, andere fordern einen letzten Liebesdienst von uns.

Die Frage nach dem richtigen Zeitpunkt ist dann die Gretchenfrage.

Nach meinen Erfahrungen wird in Deutschland und den Nachbarländern eher „zu früh" als „zu spät" eingeschläfert.
Und das scheinen auch unsere Tiere zu empfinden.
Ich setze diese Zeitmaßstäbe bewusst in Anführungszeichen, denn wer kann das letztlich wirklich beurteilen? Wenn es einen richtigen Zeitpunkt gibt, so ist er sicher die goldene Mitte zwischen dem rechten Moment für das Tier und dem für den Menschen. Viele Tiere bleiben noch ein wenig, kämpfen und bleiben am Leben, um ihren Menschen die Zeit zum Abschiednehmen zu ermöglichen. Wenn wir eine enge Beziehung haben, ist es an uns, loszulassen, um ein gutes, ein sanftes Sterben zu ermöglichen. Das fällt uns natürlich umso leichter, je kompatibler unser Weltbild mit einem „Davor" und „Danach" ist. Wenn wir an einen wie auch immer gearteten Kreislauf des Lebens glauben, an eine Sinnhaftigkeit unserer Existenz, warum sollten wir einem Freund, egal ob er zwei oder vier Beine hat, seine Weiterreise verübeln, aufhalten oder boykottieren wollen? Freuen wir uns doch lieber auf ein Wiedersehen mit jemandem, der uns vorausgezogen ist. Vielleicht zündet er oder sie ja ein Licht für uns an auf dem Weg oder einem fernen Lagerplatz, damit wir uns leichter wiederfinden? Das finde ich eine sehr schöne Vorstellung ...
Egal wie wir es auch drehen und wenden, die Lebenserwartung unserer Katzen liegt deutlich unter unserer eigenen. Unter normalen Umständen sind es immer wir, die das Tier überleben.
Da sollte uns von Anfang an klar sein. Man sagt, uns Menschen sei die Fähigkeit zu eigen, vorausschauend denken und planen zu können. Verabreden Sie mit Ihrer Katze, dass Sie Ihnen ein deutliches Signal gibt, wenn es Zeit ist für sie, weiterzugehen. Lassen Sie es zu, diese Zeichen wirklich wahrzunehmen und danach zu handeln. Sie ersparen sich beiden viel Leid.
In einer Kommunikation, die meine Schülerin Angelika Lederer mit zwei „hinterbliebenen" Tieren führte, bemängelten beide, dass

der verstorbene (eingeschläferte) Dritte im Bunde, Kater Moritz, von den Menschen „geschubst" worden war. Dabei waren beide (Hündin Cindy und Kater Gismo) sterbebegleitend bereits vorbereitet worden:

🐾 Cindy, Gismo und Angelika

Angelika: Du merkst, dass es Moritz nicht so gut geht.

Cindy: *Na, klar. Das ist aber völlig normal so. Nichts Ungewöhnliches. Aber stell dir vor, die überlegen, ob sie ihn töten. Grausam. Da bekomme ich ja richtig Angst.*

Angelika: Cindy, du brauchst dir keine Sorgen zu machen. deine Menschen werden Moritz nicht töten, sie machen sich nur Sorgen, was sie machen sollen, wenn Moritz sehr starke Schmerzen bekommen sollte.

Cindy: *So, sagst du das jetzt so?*

Angelika: Nein, ich habe mit Moritz gesprochen, er sagt, dass er keine Schmerzen hat und dann ist ja alles gut.

Cindy: *So, meinst du? Na, ich werde das genau beobachten und dir Bescheid geben, wenn es anders sein sollte.*

Angelika: Ich würde mir auch Gedanken machen, wie ich meinem Tier Schmerzen ersparen könnte, Cindy. Das ist doch o.k.

Cindy: *Also gut, wegen Schmerzen ist das vielleicht in Ordnung, aber so einfach, nein das ist nicht richtig.*

Angelika: So einfach machen deine Menschen gar nichts.

Cindy: *Dann ist es gut ...*

...

Nach Moritz' Tod:

Angelika: Gismo, du hast mitbekommen, dass Moritz gegangen ist?

Gismo: *Ja, schon, war dann doch komisch. Sie haben ihn nicht gehenlassen, sondern geschubst. Das war heftig. Das tut man doch nicht.*

Angelika: Ich glaube, Carina hat sich diese Entscheidung nicht leichtgemacht, aber Moritz sollte auch nicht leiden auf seinem Weg.

Gismo: Hm, ich möchte gar nicht tiefer darüber nachdenken. Nur gut, dass ich schon Verantwortung hatte, sonst wäre das jetzt nichts. Mir fehlt er trotzdem. Er hat meine Sprache gesprochen. Na ja, es ist so. Ich bleibe weiter mit ihm in Kontakt, wenn es mal nicht so klappt.

Angelika: Kannst du das?

Gismo: Natürlich, er ist ständig da. Er ist doch so klug. Macht euch da keine Sorgen, er ist da, ja, lass mich jetzt schlafen.

Angelika: Gut, danke Gismo. Schlaf schön.

...

Angelika: Hallo, Cindy, ich bin es Angelika.

Cindy: Es ist leer hier. Er fehlt mir. Zum Anschauen und Schnüffeln.

Angelika: Was sagst du zu Moritz' Weggehen?

Cindy: Hm, zum Schluss hatte er ganz goldene Farben. Ich stimme Gismo ausnahmsweise zu. Sonst ist er blöd, aber er hat recht, schubsen tut man nicht.

Angelika: Ich glaube, da tun wir Menschen uns einfach schwer. Sobald ein Tier Schmerzen hat, dann möchten wir ihm helfen. Es soll nicht leiden.

Cindy: Das klingt schon recht schön, aber das tut man trotzdem nicht.

Angelika: Also, wenn ich rasende Schmerzen hätte, dann würde ich auch nicht leiden wollen.

Cindy: Aber der Bogen zu seinem Ziel kann nicht so schnell gegangen werden. Da musste er sich ja schrecklich beeilen, dann konnte er gar nicht alles so schön sehen, wie er wollte.

Angelika: Ich bin davon überzeugt, dass Moritz wusste, dass seine Menschen ihm Gutes tun wollten.

Cindy: Das ist klar, aber trotzdem war es anders, als er es wollte.

Angelika: Wie hast du Moritz in der letzten Zeit erlebt?

Cindy: Gut. Gismo hat gesponnen, das hat schon sehr gestört, aber es war gut mit ihm. Es ist alles in Ordnung, wenn ihr das wissen wollt. Wir leiden nicht, wir sehen ihn nicht, aber wir wissen, er ist unterwegs. Das ist

*gut so. Er kommt vielleicht wieder zu uns. Da lasse ich mich gerne über-
raschen. Ja, das ist spannend."* Auch andere Katzen haben mir gesagt, dass sie Schmerzen anders
betrachten als wir Menschen. Die Würde beim Sterben ist ihnen
sehr wichtig. Menschen sollen da sein, aber nicht zu sehr »machen«. Tierarztbesuche sind meist ein Gräuel, Medikamente sowieso. Loslassen seitens des Menschen scheint meist sehr wichtig zu
sein."

Angelika Lederer, Nittendorf

Abschied nehmen

Freunden wir uns also damit an, dass nicht Leben und Tod die Ge-
gensätze sind, sondern Geburt und Tod. Leben ist das, was dazwischen passiert! Leben Sie heute und genießen Sie die Zeit mit
Ihrem Tier und Ihren Menschen!

Alles braucht seine Zeit. Eine Geburt ebenso wie das Sterben. Unsere Trauer gehört dazu. Auch der Sterbende braucht Zeit, loszulassen. Seinen Körper, seine Lieben. Die Folgen von Hauruck-
Aktionen können wir nur erahnen. Aber wir wissen aus der
Forschung über Kinder, die per Kaiserschnitt zur Welt kommen,
dass sie sich schwerer als der Durchschnitt „natürlich" geborener
Kinder zurechtfinden. Der Geburtsvorgang presst, bildlich gesprochen, Körper und Seele zusammen. Im Sterbeprozess löst sich diese Verbindung wieder. Auch dies geschieht, den Erkenntnissen von
beispielsweise Dr. Rosina Sonnenschmidt zufolge, wehenartig,
phasenweise.

Kürzen wir diesen Prozess voreilig ab, kann es geschehen, dass die
Seele orientierungslos ist und es zum Schock kommt.

Hier geht es nicht um Leidensverlängerung. Natürlich ist
Schmerzfreiheit oberstes Gebot. Aber wird nicht manchmal auch
vor der Zeit, in vorauseilendem Gehorsam euthanasiert? Das Einschläfern sollte akuten Notfallsituationen vorbehalten bleiben. In

der Zeitschrift *Ganzheitliche Tiermedizin* schreibt Sonnenschmidt 2002: *„Wenn man als Therapeut bzw. als Vertreter der Heilkunst begreift, dass die physische Geburt in diese Welt ihr Pendant in der Geburt in die körperlose Existenz hinein hat, fällt die Euthanasie auf den Platz, der ihr gebührt: letzte Reihe, letzter Platz. Es wird höchste Zeit, dass wir uns mit dem Sterbeprozess befassen und darin einen Vorgang sehen, der gerade vom Tier auf natürliche Weise vollzogen wird, wenn der Mensch nicht physisch oder psychisch interveniert. [...] In dem Maße, in dem der westliche Mensch den Kreislauf von Werden und Vergehen aus der Tabuisierung erlöst, erlöst er auch die Tiere, die ihm anvertraut werden."*

Unsere Großeltern wussten noch, dass die Seele im Schnitt drei Tage braucht, bis sie sich vom Körper gelöst hat. Wir können dies bei verstorbenen Tieren (und natürlich Menschen) tatsächlich beobachten. Manchmal fällt ein Körper sehr schnell in sich zusammen und wird zur leeren Hülle, manchmal braucht es länger.

Auch für unseren Trauerprozess kann es von entscheidender Wichtigkeit sein, wie viel Zeit wir uns und unserem Tier zugestehen, bevor wir seinen Körper in die Erde legen oder einäschern lassen. Hetzen Sie sich nicht!

Einen verbrauchten Körper, bloße Materie können wir viel leichter begraben oder verbrennen als ein beseeltes, geliebtes Wesen.

Erst durch die Tabuisierung des Themas Tod in unserer steriler werdenden Gesellschaft kamen alte Ammenmärchen über den Prozess der Verwesung und Leichengifte wieder auf. Solange Sie sich an einfache Hygienegepflogenheiten halten und einen toten Körper nicht tagelang der prallen Sonne aussetzen, besteht keine Gefahr für die Gesundheit.

Rituale, Riten und Zeremonien helfen uns dabei, Abschied zu nehmen und schließlich loszulassen. Gestalten Sie den letzten gemeinsamen Weg so, wie Ihnen danach ist. Hören Sie nicht auf den

Verstand, oder Menschen, die Ihren Schmerz nicht nachvollziehen können und suggerieren wollen: „Es ist doch nur ein Tier!" Leben Sie Ihre Gefühle, geben Sie Ihrer Trauer Raum. Nur so können wir sie bewältigen.

Sie können eine schöne Musik auflegen, etwas singen, Kerzen anzünden, das Grab schmücken, Lieblingsspielzeug oder Erinnerungsstücke beilegen, vielleicht sogar einen Abschiedsbrief ...

Hilfen beim Übergang

Geben Sie Ihrem Tier im Sterbeprozess gegebenenfalls unterstützend Bachblüten und nehmen auch Sie eine Mischung ein, wenn Sie sich danach fühlen. Es dürfen auch ruhig die Notfalltropfen sein, wenn Ihnen danach ist!

Die Blüte Gorse wird gern als die Entscheidungsblüte bezeichnet, wenn das Leben auf der Kippe steht, Walnut erleichtert den Übergang, Heather das Loslassen, Honeysuckle das Anpassen und Annehmen der neuen Situation – und all diese Blüten helfen gleichzeitig auch Ihnen im Trauerprozess nach dem Tod Ihrer Katze, weil sie Hoffnung, Orientierung in die Gegenwart und Neubeginn unterstützen.

Auch Schüßler-Salze können beim Übergang helfen. Fragen Sie Ihren Tierheilpraktiker, er berät Sie auch gern vorausschauend.

Franz von Assisi sagte einmal: „Der Tod ist das Tor zum Licht am Ende eines mühsam gewordenen Weges."

Manchmal kommt er jedoch überraschend und scheinbar vor der Zeit. Viel mehr Katzen werden überfahren, vergiftet oder fallen anderen Unfällen oder Verbrechen zum Opfer, als eines natürlichen Todes sterben.

Wenn Sie das Gefühl haben, dass Sie der Seele einer solchen Katze helfen möchten, ihren Weg ins Licht zu finden, stellen Sie sich Folgendes vor:

Projizieren Sie einen Lichtstrahl, der aus den Wolken auf die Erde strahlt. Stellen Sie sich vor, dass dies himmlisches Licht ist, das die Katze zurück zur Quelle bringt, ins Licht, in den Himmel – so wie es sich in Ihrer Vorstellung, zu Ihrem Weltbild passend stimmig anfühlt. Wenn Sie mögen, bitten Sie zwei Lichtwesen, höhere Energien, die Seele abzuholen und zu geleiten. Man kann nicht erklären, was geschieht, aber man kann spüren, wie es geschieht.

Und natürlich dürfen Sie Ihre Katze auch in den Schutz des Lichtes geben, wenn sie in hohem Alter sanft eingeschlafen ist, so wie Malika, die wir auf Seite 79 schon kennengelernt haben, und die ganz allein, und doch in liebevoller Gesellschaft den Weg ins Licht fand:

„Heute am frühen Morgen ist Malika gestorben. Es ging ihr in den letzten Tagen immer weniger gut und nun ist sie gegangen. Wir sind froh, dass sie es aus eigener Kraft geschafft hat, dass wir bei ihr sein durften und dass dies eigentlich eine schöne Erfahrung war und gar nicht schrecklich traurig, wie wir vorher immer befürchtet haben. Und weißt du, was mich am meisten berührt hat? Dass sie ganz genau wusste, wann sie gehen würde. Ich habe im Mai mit ihr kommuniziert, und da hat sie mir gesagt, dass sie gehen wird, noch bevor die Tage kürzer werden (Donnerstag ist Sommersonnwende). Und gestern habe ich mit ihr vormittags noch mal kommuniziert, da hat sie gesagt, dass sie gehen wird, »wenn der Wind durch die Bäume streift und der Tag aus der Nacht sich erhebt«. Sie ist kurz nach drei Uhr gestorben und war kaum gegangen, als draußen die ersten Vögel zu zwitschern begannen und der neue Tag anbrach ... Ich bin so froh und dankbar, dass ich die Möglichkeit hatte, mit ihr zu reden, ihr alles mitzuteilen, was ich ihr sagen wollte und auch von ihr noch diese ganze Liebe zu bekommen. Da du daran auch großen Anteil hast, wollte ich dir davon gerne berichten und dir auch dafür danken, dass ich meine Sinne wieder alle beisammen habe!"

🐾 Mischa und Mirjam

Mischa ist eine 15-jährige Hauskatze

Protokoll vom 26. November 2007

„Zwischendurch bin ich schon gar nicht mehr da. Ich verabschiede mich. Langsam, aber stetig. Frauchen braucht noch Zeit, das ist in Ordnung für mich. Ich mag keine künstliche Nahrung, ich mag nicht mehr das trockene, auch in mir, lieber viel Flüssigkeit und Herzstärkendes. Flüssigkeit ist wichtig und die Verdauung lässt dann auch irgendwann nach. Sie wird es akzeptieren, wenn es soweit ist. Zum Annehmen ist es noch ein weiterer Schritt, es wäre gut, wenn sie Begleitung hätte. Sie muss reden, sich auffangen lassen, Kontakte. Jemand, der sie versteht und zuhört, hilft. Ich bin bereit loszulassen, ich habe ein gutes Leben gehabt. Trockenfutter. Das war nicht immer so gut für meine Organe, es hat den Zähnen geholfen, nun ja. Weiches Futter ist mir lieber, aber Gutes muss es sein. Ihr Menschen habt so viel Künstliches in dem, was ihr esst und was ihr uns vorsetzt, wo ist der Sinn, sich selbst zu vergiften? Ich tue das jetzt auch, langsam, ja, aber das ist innerhalb meines Organismus, Zellbewusstsein, werde schwächer in diesem Körper und zeitgleich wächst meine Aura ins Unermessliche. Es ist gut so. Zeit zu gehen. Langsam. Lösen. Nach Hause.

Mir tun Schüßler-Salze gut, wenn man sie in ein wenig Wasser auflöst, als Mineralienzufuhr und zur energetischen Unterstützung. Nein, ich weiß nicht welche. Sie wird sie finden. Anbieten, mischen, nicht in mich hineinzwängen.

Ich habe noch Durst. Noch bin ich da. Es schwankt. Ich kann nicht sagen, ob ich heute oder morgen gehe oder ob ich noch einmal hochkomme und etwas verlängere. Aber es wird kurz sein. Hauptsache ist, ihr zwingt mich zu nichts, damit es mir nicht schwerfällt. Ich gehe gern, ich gehe frei und unbeschwert, weil da etwas Großes auf mich wartet. Aus dem Großen komme ich, kommen wir alle, und in uns ist eine tiefe Sehnsucht nach diesem Licht, nach der Quelle, nach dem Alles-was-ist.

Euch fällt das schwer, weil ihr so entfernt seid, durch all das Künstliche um euch herum, in jedem Material steckt aber noch so viel davon, vom Ursprung, die Essenz. Wir fühlen die Schwingung von allem noch so Festen viel stärker als ihr, auf allen Ebenen, nicht nur feinstofflichen, auch viel gröberen. Darum sind wir so gern bei den Menschen. Wir gleichen aus, zeigen und lindern.

Ich bin traurig, habe eine Sehnsucht nach Frieden. Frauchen soll bald wieder eine quirlige Katze um sich haben, ein kleines Katzenmädchen, das Leben bringt. Es gibt so viele, die ihre Hilfe brauchen. Vielleicht kommt sogar ein Geschwisterpaar zu ihr, sie soll die Augen aufhalten. Und such mich nicht, du wirst mich finden überall um dich herum.

Natürlich kann sie mich mit anderem Futter locken, weiches, nasses, Leckerbissen wie Hühnerherzen (haschiert?) oder etwas Thunfisch. Nur nicht zwingen. Anbieten, frisch, und es gibt eine leckere Paste, die mag ich auch. (Ich glaube, Mischa meint Calopet, das gebe ich grade auch unserem sehr alten Kater, darin sind konzentrierte Vitamine und Spurenelemente.) *Ich habe keinen Bedarf an einer Spritze, die mich in den Schlaf bringt, ich kann das selbst, wenn Frauchen mir hilft und bei mir ist. Ich ziehe mich zurück, ich will selbst bestimmen. Wenn ich Schmerzen habe, melde ich mich. Dann kann man immer noch denken, dafür seid ihr Menschen doch da. Denken. Lernt fühlen! Das ist auch eine Wichtigkeit. Bin müde jetzt, gebt mir Wärme und Ruhe. "*

Kommentar von Mirjam

„Mischa hat schon einige Tage das Futter verweigert, lebte nur noch von Flüssigkeiten. Sie war stark, hatte Kraft und bewegte sich immer noch mit der gewohnten Eleganz. Ich probierte verschiedene Futterarten aus, alles ohne Erfolg. Ich war beim Tierarzt, auch der wusste nicht weiter. Mir war klar, dass Mischa irgendwann an Organversagen sterben würde. Die Diagnose Katzenaids hatte das vorausgesagt. Doch eigentlich war sie wie immer, außer dass sie nichts fressen wollte.

Vor einem Jahr bin ich auf die Bücher von Carola Lind und Karin Müller gestoßen und habe sie gelesen. Ich war fasziniert von der Tierkommunikation. Und von der Art und Weise, wie die beiden mit Tieren umgehen. Also kontaktierte ich Karin. Ich war sicher, sie konnte mir und Mischa helfen. Ganz gespannt wartete ich also auf das Protokoll.

Ich weinte, als ich den ersten Satz von Mischas Nachricht las. Im Innern habe ich damit gerechnet, aber nach außen konnte und wollte ich es nicht glauben. Unter Tränen las ich das Protokoll zu Ende, nahm meine Katze auf den Arm und weinte. Karin hat mich in dieser Zeit sehr unterstützt und ich war froh, jemanden zu haben, der mich versteht und mit mir fühlt. Ich bin überzeugt, Mischa hat mich auf den Gedanken gebracht, mich an Karin zu wenden, weil sie wusste, dass ich da gut aufgehoben bin.

Mischa hat so viel Tiefgründiges in ihren Worten, so viel Wahres. Wir Menschen verlieren oft den Sinn für das Wesentliche, das Wichtige. Erst in einem solchen Moment begreifen wir, wie unterlegen wir den Tieren sind. Wie wichtig es ist, mit den Tieren zu leben, von Ihnen zu lernen. Mischa machte mir bewusst, wie künstlich unsere Welt wirklich ist, wie entfremdet wir alle sind und wie alles ins richtige Licht gerückt werden kann. Denken und nicht fühlen, nach diesem Motto leben wir Menschen. Doch sollten wir nicht auf die Tiere hören und wieder mehr fühlen – nicht denken?

Ich verbrachte die letzten Wochen mit Mischa sehr intensiv, kümmerte mich um sie und war einfach froh, dass ich Abschied nehmen konnte. Und wie Mischa im Protokoll gesagt hat, erholte sie sich nochmals für kurze Zeit.

Plötzlich hörte Mischa auch mit dem Trinken auf. Nun war es also soweit. Ich musste loslassen. Ich merkte selbst, dass sie zeitweise nicht mehr bei mir war. Ihre Augen verloren das Leuchten und ihr Geist reagierte zwischendurch nicht mehr. Ich hatte Angst, Angst davor, was alles auf mich zukam. Mischa war am Ende ihrer Kräfte und sie schaffte es nicht mehr, allein aufzustehen. Leider war ihr Herz so stark, dass der Tierarzt miteinbezogen werden musste. Doch als ich sie in meinen Armen hielt, wusste ich, dass wir zusammen richtig entschieden haben.

Ich war glücklich, dass ich meiner Katze die Möglichkeit gab, sich jemandem anzuvertrauen. Mischa zeigte mir unendliche Dankbarkeit und ich war froh, dass ich mich an Karin gewendet hatte. Ich lernte loszulassen und Mischa ging in Frieden und in Zufriedenheit. Ich danke ihr für alles, was sie mir gab und immer noch gibt. Ich habe so viel Positives aus der Zeit mit ihr mitgenommen und bin froh, dass sie über all die Jahre mit mir zusammengelebt hat. Ich liebe sie über alles und werde sie immer in meinem Herzen tragen. Und ich weiß, sie wird immer bei mir sein.

Ich möchte mich bei Karin bedanken, dass sie mir beistand, mich unterstützte und mir zeigte, dass das Sterben zum Leben gehört. Und ich möchte Ihr danken, dass Sie mir die Möglichkeit gab, ein Andenken an Mischa zu veröffentlichen."

Mirjam Keller, Rheineck (Schweiz)

Spiegelungen

Während ich so am Schreiben bin, fällt mir auf, dass die Magen-Darm-Beschwerden meines alten Katers ungefähr zur gleichen Zeit begonnen haben wie ein leichtes Ziehen oder Drücken, das ich seit ein paar Tagen mal mehr, mal weniger im Magen verspüre.

Ist das nun ein zufälliger zeitlicher Zusammenfall? Oder übernimmt er meine Beschwerden? Oder übernehme ich seine?

Das fragen sich wohl viele Katzenbesitzer, die schon einmal davon gehört haben, dass unsere Haustiere uns mitunter spiegeln. Ein Phänomen, das sich nicht nur im Verhalten zeigt, sondern sogar in Krankheiten münden kann. Unsere Tiere halten uns auf diese Weise oft einen Spiegel vor, der viel über uns selbst verrät, wenn wir nur hineinschauen. Und was sehen wir, wenn wir es tun? Ganz schlicht: uns selbst.

Gedanken von Onkelchen
Protokoll vom 4. Juni 2007

„Ich habe viel zu sagen. Ich habe vor, hier noch länger zu bleiben. Ihr braucht mich, du siehst das schon richtig, ich bin ein Anzeiger. Ich sage immer, wenn und wo etwas nicht stimmt. Hier sind viele Linien in diesem Haus. Viele gute, aber auch ein paar schlechte, werden meist von außen reingetragen. Ihr zieht es an. Das ist schon richtig, ob du es wahrhaben willst oder nicht. Wo Licht ist, ist auch Schatten. Das Mottenprinzip.

Wir sind immer da und helfen. Mal dankt ihr es mehr, mal weniger. Wenn ich laut schreie, liegt es daran, dass ich mich nicht mehr so gut hören kann. Es ist kein böser Wille, du weißt das, aber erkläre es auch den

Menschen da draußen. Ihr bezieht immer alles auf euch, ihr Menschen. Das ist falsch. Viele Dinge tun Katzen einfach aus anderen Gründen, aus sich selbst heraus, oder weil es eben sein muss. Aber das hat doch dann nichts mit euch zu tun! Wir sind Genießer, ja. Wir lieben das Leben. Wir lassen uns gern verwöhnen, und wir stehen dazu. Ist es nicht schön, wenn man Ansprüche erfüllt bekommt? Ihr traut euch nur nicht. Und das werft ihr uns dann wieder vor ... Ihr hättet es gern sauber und gepflegt. Wir setzen das durch: Wenn mein Katzenklo nicht sauber ist, benutze ich es nicht. Wenn mir etwas anderes nicht passt, merkt ihr es auch schnell. Oder nicht? Ihr gebt euch daraufhin Mühe und da halten wir euch wiederum einen Spiegel vor. Schaut hinein! Lernt durch uns über euch selbst!

Wenn du dich nicht traust, zu sagen, dass du es ordentlicher haben willst, dann protestiere ich eben. Aber ich beziehe es auf die ganze Wohnung. Ja, da staunst du.

Und wenn du nicht da bist, fehlst du, ich verleihe meinem Kummer und Schmerz eben Ausdruck."

Als ich Onkelchen zum Ursprung seiner Beschwerden befrage, fällt seine Antwort lapidar aus: „*Du fragst nach Huhn oder Ei? Wir sind uns nah. Das ist alles, was zählt. Wen interessieren Anfang und Ende und wer zuerst da war. Wir helfen uns gegenseitig, Dinge zu tragen, die für einen allein schwerer sind. Wer sich nur für das Warum interessiert, oder dafür, wem das Päckchen gehört, der hat das Wichtigste nicht begriffen. Liebe.*"

Katzen, genau wie viele andere Haustiere auch, die mit uns eine enge Beziehung eingehen, tragen für uns mit. (Den umgekehrten Fall gibt es auch, aber weit seltener.)

Oft erleben wir das Phänomen, dass wir kränkeln oder ernsthaft krank sind, und unser Tier entwickelt ähnliche Symptome. Manchmal vor uns, manchmal nach uns, manchmal zeitgleich. Ich habe auch schon von Fällen gehört, in denen Katze um Katze auf einem

Hof an Krebs erkrankte und starb – die Familie selbst blieb weitestgehend verschont.

Es gilt immer auf die Situation zu schauen, auf den Gesamtkontext: Wann haben wir es mit einer Spiegelung zu tun, mit einer Art Resonanz, die das Tier zu uns eingeht? Wann liegen ganz andere Gründe vor, z. B. Umweltgifte, Strahlung, andere schädliche Einflüsse?

Der Blick hin zu „Was hat die Erkrankung mit mir zu tun?" kann durchaus lohnend sein.

Aus der Psychologie kennen wir das Phänomen, dass das „schwächste Glied" einer Kette zum Symptomträger wird. In Familien sind das in der Regel Kinder oder Tiere. Wenn etwas im Familiensystem nicht stimmt, zeigen Kinder und Tiere dies in Form von Symptomen. Kind oder Katze werden verhaltensauffällig, nässen sich ein (Katzenkloverweigerung, Markieren), werden krank ... Hier können wir ansetzen.

Es geht nicht um Schuld(zuweisungen) oder (Selbst-)Vorwürfe.

Wenn Ihre Katze beschließt, Ihnen etwas abzunehmen, macht sie sich damit nicht zum bedauernswerten Opfer. Wenn Sie hinschauen, Handlungsbedarf erkennen und umsetzen, ist das Ziel erreicht – wenn Sie es nicht tun, dann tun Sie es eben nicht. Ist die Katze zufrieden, freut sich der Mensch. Und das gilt auch umgekehrt: Je zufriedener, je glücklicher wir sind, desto besser geht es auch unseren Tieren. Stress färbt ab. Glück aber auch!

Was wird gespiegelt?

Wir gehen nicht mit allem und jedem in Resonanz, Gott sei Dank. Jeder von uns hat unterschiedliche „Schmerzmuster".
Warum Ihre Katze – und keine andere – bei Ihnen ist, wird schon seinen Grund haben. Wir gehen in Resonanz, wir haben Affinitäten

könnten wir auch sagen. Etwas, das wir sehen oder hören, schlägt in uns eine Saite an und bringt unsere eigene Melodie zum Klingen. Anderes, was wir sehen und hören, berührt uns nicht. Manche Menschen werden krank, wenn sie auf Wasseradern schlafen, andere stört es nicht die Bohne.

Wenn etwas im Gleichgewicht und gut ist, brauchen wir auch nicht bohren. Wozu?

Wenn irgendwo Unstimmigkeiten und Rätsel sind, können wir ja mal schauen, ob der Schlüssel in diesem Bereich zu finden ist. Also wie kriegen Sie nun raus, ob Sie da was spiegeln oder nicht? Fühlen Sie in sich hinein. Spüren Sie eine Resonanz zur Thematik, zu einer Verhaltensweise, zum Krankheitssymptom Ihrer Katze?

> ▸ Alles, was mich am anderen stört, besonders bewegt oder berührt, trage ich als Aspekt auch in mir. Alles, was ich an meinem Gegenüber unbedingt verändern möchte, unterdrücke ich wohl eher bei mir.
>
> ▸ Jedes Verhalten oder Tun des anderen, das mich über die Maßen verletzt, angreift oder besonders berührt, habe ich in mir selbst noch nicht ganz bearbeitet.
>
> ▸ Wenn es mich nicht betrifft, also betroffen macht – ist es einzig das Thema des anderen, ist es seine Projektion auf mich.
>
> ▸ Und noch eins: Alles das, was Sie an Ihrer Katze schätzen und lieben, sind Sie auch selbst, haben Sie selbst auch in sich. In einem Spiegel sieht man immer nur sich selbst!

Kinesiologie und Klopftechniken helfen uns bei solchen „Beziehungsgeschichten" besonders gut, Stress abzubauen und loszulassen. Manchmal muss man gar nicht mit dem Tier arbeiten, sondern es genügt für die Stressablösung, wenn der Besitzer sich auf sein Tier einstimmt und stellvertretend das Thema bearbeitet

(s. S. 183). Andernfalls können Fachleute auch gut mit Ihrer Katze und einem menschlichen Stellvertreter als Surrogat für den Muskeltest arbeiten.

Tierkommunikation ist eine Einladung, bewusst zu leben und Verantwortung zu übernehmen. Einladungen kann ich folgen oder ich kann sie ausschlagen. Für das Bewusstsein bzw. für das Leben spielt das zumindest scheinbar keine Rolle – vielleicht aber für mich. Ich habe alle Zeit der Welt, meinen Weg zu gehen. Gehe ich ihn nicht, bleibt der Weg trotzdem *Weg*, bleibe ich *ich*. Aber ich bin diesen Weg nicht gegangen, der Weg ist von mir nicht beschritten worden. Vielleicht ändert sich dadurch sogar der Weg – mutmaßt die Quantenphysik, indem sie sagt, Wirklichkeit entsteht erst im Bewusstsein des Betrachters. Was also passiert mit dem Weg, wenn ich ihn nicht sehe, nicht gehe?

Ich darf innehalten. Ich darf pausieren. Dessen darf ich mir sicher sein. Auch das kann mir Frieden und Gelassenheit geben, dass ich und nur ich das Tempo bestimme. Dann wird sich für mich nichts verändern. Oder doch? Was ist Veränderung? Wann ist eine Pause Stagnation? Wann dient sie mir, Kraft zu schöpfen? Wenn ich stehen bleibe, bleibe ich stehen. Nicht mehr, nicht weniger. Was immer ich tue, sollte ich mit gutem Gewissen tun, ganz bei der Sache sein, aufmerksam, achtsam, wie die Buddhisten sagen. Wenn ich es bewusst tue, ist ein Stehenbleiben zugleich Bewegung. Denn dann bewegt sich etwas *in mir*. Von außen, als Beobachter, kann ich das nicht sehen, kann ich nicht beurteilen, wie es ist, eine Erfahrung zu machen, welche Erfahrung auch immer. Und doch urteilen viele von uns so. Urteilen immer wieder und bewerten viel zu viel. Ohne Bewertungen, ohne Jammern und Beschweren lebt es sich leichter!

Die Kommunikation mit allem, was lebt, ist eine Einladung zu schauen, zu hören, zu fühlen, zu schmecken, zu riechen, zu sein.

Bewusst zu sein. Mich mir, meiner selbst, bewusst zu sein. Mir des *Außens*, dessen, was mich umgibt, bewusst zu sein. Und die Grenzen zu erfahren zwischen mir und dem, was nicht Ich ist. Wenn ich bewusst bin, erfahre ich mich automatisch als Teil eines Ganzen. Ich kann nicht gleichzeitig einen Weg gehen und stehen bleiben. Nicht äußerlich zumindest. In meinem Inneren kann sehr wohl beides ablaufen. Dinge entwickeln sich. Wir entwickeln uns mit unseren Tieren ...

🐾 Paul und Anne

„Vor ungefähr fünf Jahren gab es meinen über alles geliebten Kater „Paul". Ein stattlicher und wunderschöner EKH-Kater, kastriert, zu diesem Zeitpunkt fünfzehn Jahre alt und seit eben diesen fünfzehn Jahren bei mir. Paul und ich haben alles zusammen erlebt – vom ersten Umzug über die erste große Liebe und auch dem Beginn vom Berufsleben bis hin zum Tod von guten Freunden und anderen endgültigen Dingen. Dementsprechend wichtig und vertraut war er mir. Eine meiner besten Freundinnen war zu dem Zeitpunkt schon vertraut mit der Materie „Tierkommunikation", hatte sich aber bisher noch nicht uns gegenüber geoutet.

An einem Tag ging es mir – mal wieder – schlecht: Ich wusste vor lauter Terminen nicht, wo mir der Kopf stand, hatte Bauchweh, war durch den Stress schlecht gelaunt und wollte nur noch raus. Da gab mir diese besagte Freundin einen Briefumschlag mit den Worten: ‚Das ist wichtig! Lies es!'. Ich war über die Dringlichkeit, mit der sie sprach, etwas erstaunt und tat, wie mir geheißen.

Und da kam der Hammer – mit voller Wucht und ohne Gnade. Paul beschwerte sich in diesem allerersten Protokoll bei mir, dass ‚einen diese Lebensweise ja krank macht', ‚ständig nur Stress, keine Ruhe, immer nur dies und das, kein Zentrum, keine Mitte'. Selbst über Dinge, die schon vor mehreren Jahren passiert und damals gründlich schiefgegangen waren, wurde gemeckert. So ging das über eine ganze Seite. All die Dinge, die mich selbst aufregten, welche ich aber nicht zu ändern wagte, wurden mir um die Ohren geschmissen. Auch die körperlichen Wehwehchen wurden haarklein in ihrer Lokalisation und Intensität beschrieben und erklärt. Und ich kann mit absoluter Sicherheit sagen, dass da Dinge dabei waren, die mir so peinlich waren, dass ich sie nie jemandem freiwillig erzählen würde. Und dann sehr warme Worte, die mich von keinem anderen erreicht hätten, außer in der Formulierung, die Paul verwandt hat (später, nach etwas Erfahrung, erkannte ich, dass das einfach eine ihm eigene Ausdrucksweise war). In mir brach alles, was mich zu diesem Zeitpunkt aufrecht gehalten hatte, zusammen und ich konnte nur noch weinen. In diesem Protokoll kam erst das große Gewitter, um dann wieder die Sonne scheinen zu lassen. Es kostete zwar viele Nerven, viele Tränen und auch viel Mut, alles so umzustellen, dass es eben nicht dieses „Über-den-Kopf-Wachsen" wurde, aber es lohnte sich. Ich wurde ruhiger, hatte nicht mehr so mit meinen Launen zu kämpfen, meine Wehwehchen heilten und ich lernte, auf eine bessere Art zu leben.

Und dieses erste Protokoll hat mich aufhorchen lassen. In Bezug auf Tierkommunikation, in Bezug auf Tier-Mensch-Beziehungen, aber auch oder vielleicht gerade in Bezug auf mich selbst. Wann immer mir Sachen über den Kopf zu wachsen drohen – und das ist nicht selten –, erinnere ich mich an dieses erste Protokoll von Paul und ich versuche, den Ratschlägen, die er mir gab, Folge zu leisten. Nicht nur um meiner selbst willen, sondern auch in Gedenken an meinen langjährigen Weggefährten.

Mich hat die Tierkommunikation zu einem Menschen gemacht, der stärker und sensibler geworden ist – und das möchte ich nicht missen!

Deshalb besuchte ich auch einen Kurs bei Karin und mich verblüffte die Selbstverständlichkeit, mit der mir der Kurs von der Hand zu gehen schien. Zuhause angekommen, wollte ich natürlich all meine „neuen Fähigkeiten" ausprobieren und lernen, lernen, lernen. Aber auch da musste ich Maß halten, wobei mir vor allem die Katzengespräche am meisten halfen, denn meine Erfahrung mit Katzen ist, dass sie nur zu dir sprechen, wenn du WIRKLICH bereit bist. Öffnest du dich zu wenig oder bist nicht ganz bei der Sache oder willst du einfach zu viel, kann man es gleich vergessen.

‚Eine Katze ist ein sehr stolzes Wesen, das stets zuvorkommend ist, aber auch mit dem nötigen Respekt behandelt werden will!'

Als Paul eines Tages so schwer erkrankt war, dass seine Erlösung der einzige Ausweg schien, ging es mir sehr schlecht. Seit Tagen nicht geschlafen, nicht gegessen, nicht getrunken. Ich war ein Schatten meiner selbst.

Paul, der ebenfalls nicht viel besser als ich dran war, weil seine Nieren versagt haben, schrie mich mental an: ‚Wie soll ich Kraft tanken, wenn keine da ist? Wie soll es mir besser gehen, wenn du mir nicht die Möglichkeit dazu gibst?' Ich verstand gar nichts – Kraft tanken? Nicht die Möglichkeit gegeben? Ich war doch überall mit ihm, mehrere Tierärzte hatten ihr Bestes gegeben, ich hatte versucht ihm das Spezialfutter schmackhaft zu machen ... Was meinte er nur?

Der schlechte Umgang mit meinem Körper rächte sich – ich wurde ohnmächtig und nach einem Tag im Krankenhaus durfte ich wieder nach Hause. Mein Freund kümmerte sich wirklich rührend um mich und Paul und sowohl mein als auch Pauls Zustand besserte sich.

Als ich nach weiteren zwei Tagen wieder halbwegs fit war, entschloss ich mich, ein Protokoll von Paul zu machen. Und darin erklärte er mir, dass ich nun verstanden hätte, dass man so nicht mit sich umgehen darf, dass ich etwas Wichtiges gelernt hätte und dass nun seine Zeit abgelaufen sei. Er verabschiedete sich von mir und bat um seine Erlösung. Ich verstand wieder nichts, denn es ging ihm doch wieder gut. Seine Werte waren besser, er hatte gefressen und ja, ich hatte gelernt, aber das war doch kein Grund, nun zu gehen.

Das war das letzte Protokoll, was ich von ihm gemacht hatte, denn am nächsten Morgen lag Paul in seinem Körbchen und es schien, als sei er tot. Aber er war es nicht – er war innerhalb kürzester Zeit in eine Art komatösen Zustand gefallen, dessen Ausweg nur noch in der Euthanasie bestand."

Anne Drewes, Rommerskirchen

Bewusstsein entwickelt sich ebenfalls. Mit dem ersten Schritt bin ich schon auf dem Weg. Denn ich bin es, die entwickelt. Nichts geschieht einfach, ich gehe in Resonanz. Ich schwinge in den mir eigenen Frequenzen, die geprägt sind durch das, was und wie ich denke und fühle. Mit meinen Frequenzen ziehe ich Dinge an. Das ist das ganze Geheimnis.

Alles ist eins und wir sind alle Teile eines Ganzen. Und womit wir einmal verbunden waren, bleiben wir auf gewisse Weise verbunden. Es ist eine gewaltige Kraftanstrengung für Kinder, sich aus dem Elternhaus zu lösen. Jede Abnabelung ist letztlich mit Schmerz verbunden, und sei sie auch noch so sanft.

Es kostet sicher auch uns Kraft, uns von unseren geliebten Katzen zu lösen, wenn es an der Zeit ist. Sei es, wenn sie ins Licht gehen, oder wenn sie in anderer Form aus unserem Leben verschwinden ...

Wenn Katzen verschwinden

Im vergangenen Jahr ging die Geschichte der französischen Hauskatze Mimine aus Tréveray durch die Presse. Das Tier war am Vorabend des Umzugs ausgebüchst und die Familie musste die Reise allein antreten.

Nach dreizehn Monaten traf die getigerte Katze am neuen Wohnort der Familie in Lothringen ein. Das Dorf Tréveray liegt 800 Kilometer entfernt von der früheren Heimat in Bordeaux im Südwesten Frankreichs.

Hier stellt sich nicht nur die Frage, wie eine Katze es schaffen kann, 800 Kilometer zurückzulegen – sondern auch: Woher wusste Mimine, wohin die Familie umgezogen war?

Wir tun uns da nun leichter als die im Zeitungsartikel dazu befragte Tierärztin, die die Reise der Katze „wissenschaftlich nicht erklären" konnte.

Wir wissen: Telepathie! Katzen haben einen ausgeprägten sechsten Sinn.

Trotzdem gehen tagtäglich Katzen verloren, verschwinden, werden vermisst. Die Suchregister von Zentralen wie Tasso sind voll – ebenso wie die Tierheime und die Straßengräben.

Katzen kommen und gehen

Unsere Lektion Nummer eins im Umgang mit Katzen ist, das Loslassen zu lernen.

Es sind keine Käfigtiere, die wir besitzen. Egal ob wir sie gekauft oder auf der Straße aufgelesen haben oder ob sie uns zugelaufen sind – Besitz von Tieren und allem anderen, besonders aber von Katzen, ist Illusion. Sie leben bei uns. Für eine gewisse Zeit, die uns kurz oder lang erscheinen mag.

Sie sind Freigeister und Freigänger. Wenn wir sie einsperren, werden sie einen unachtsamen Augenblick nutzen, um zu entkommen. Wenn sie bei uns bleiben, dann tun sie es mit oder ohne Katzenklappe freiwillig.

Die Frage „Wer besitzt eigentlich wen?" haben Katzen für sich eindeutig geklärt: Feechen teilte mir vor Kurzem während eines Seminars Folgendes mit, als es um die Frage nach dem „Besitz" ging: *„Natürlich seid ihr unsere Besitzer. Was ist falsch an dem Begriff? Wir besitzen euch doch."* Und richtig: Wer sitzt denn auf wem? Doch die Katze auf dem Menschen, oder? Natürlich be-sitzen sie uns! Alles eine Frage der Perspektive also. Und sie erklärte weiter:

„Ihr macht euch schon wieder zu viele Gedanken. Besitzen, Habenwollen. Halten. Das ist alles so eng betrachtet. Weitet eure Augen, eure Aura, den Horizont eurer Wahrnehmung. Das Leben ist viel größer. Es reicht in die Unendlichkeit und wieder zurück. Nichts und alles wechseln sich ab im Entstehen und Werden. Wir kommen und gehen. Ja, das hast du schön ausgedrückt. Eure Trauer macht keinen Sinn, wenn ihr das begreift. Manchmal ist es einfach an der Zeit für uns, weiterzugehen. Wir sind Mittler zwischen magnetischer und elektrischer Energie. Wir gleichen aus, harmonisieren, neutralisieren, transformieren. Wir sind immer da, wo wir gebraucht werden. Mal mehr, mal weniger. Manchmal machen wir auch einfach nur Pause, aber am wenigsten dann, wenn es für euch so aussieht.

Klammert nicht an uns, wenn es für uns Zeit ist, weiterzuziehen. Ihr könnt es nicht erkennen, manches sieht für euch so anders aus als für uns. Wir nutzen die Umstände. Wir sind neugierig, Abenteuer und Aufgaben locken uns. Wir wechseln Orte, Zeiten und Raum – Existenzen, so wie es gerade sinnvoll und spannend erscheint. Und wir lassen uns un-

gern halten. Ihr wisst doch von euerer Art selbst sehr genau, wie unange-
nehm das ist, wenn jemand klammert, euch bedrängt. Fürchtet euch
nicht, wenn wir fort sind. Wir kommen immer wieder. In der einen oder
anderen Gestalt. Seid euch dann einfach sicher, es war die richtige Zeit.
Habt Vertrauen.“

Vertrauen haben

Vertrauen in den Prozess haben, das ist wohl die Aufgabe an sich,
wenn ein Tier verschwindet. Wir vermissen eine Katze. Aber vermisst sie uns auch? Gehen Katzen wirklich „verloren“? Ist das so?
Am Kapiteleingang haben wir gelesen, dass es Katzen durchaus
möglich ist, scheinbar unüberwindbare Hindernisse zu überwinden. Wo ein Wille ist, ist Energie!

Keine Katze dieser Welt lässt sich unseren Willen aufdrängen.
Wenn wir über die Tierkommunikation an ein Tier herantreten
wollen, das vermisst wird, das verschwunden ist, entlaufen ...,
dann kann der Sinn nur sein, Licht in die Umstände zu bringen,
und – wenn das der Wunsch des Besitzers ist – den Status abzu-
fragen.

Gegen seinen Willen lotsen wir kein Tier der Welt nach Hause zurück. Und wenn die Umstände so widrig sind, wie das „echte
Leben“ es manchmal scheint, haben wir auch keine Handhabe. Telepathisch können wir keine versperrten Garagentore oder Keller-
räume öffnen, keine Jäger im Wald vom Schießen abhalten, keine
Autos stoppen. Es gibt Labore, Tierquäler, Rheumadecken und
zwielichtiges Volk. Wie gehen wir damit um, wenn das das Ergebnis unserer Kommunikation sein sollte? Ein guter Rat, wenn Sie
gestatten: Überlegen Sie es sich im Vorfeld und denken Sie gut an
Ihren Schutz.

Ein paar sehr schöne Auflösungen und Herangehensweisen zum
Thema „verschwundene Katze“ habe ich hier für Sie gesammelt:

Kurserfahrungen IV – Ausreißer und Rückkehrer

„Und nun meine Kater-Heimkomm-Geschichte: Kürzlich war die Mutter meiner Steuerberaterin in meiner Praxis, die mir erzählte, dass Felix, einer der beiden Kater ihrer Tochter, schon seit über einer Woche verschwunden sei. So lange sei er noch nie weggewesen, und keiner glaube mehr daran, dass er noch mal wiederkäme. Auf der gegenüberliegenden Seite des Hauses meiner Steuerberaterin ist zurzeit eine Riesenbaustelle mit enormen Erd- und Kiesbewegungen, Baggern, tiefen Wasserlöchern – es werden dort mehrere Supermärkte gebaut – und Mutter und Tochter dachten, dass Felix möglicherweise auf dieser Baustelle verunfallt sei. Ich habe ihr empfohlen, eine Tierkommunikatorin zu bitten, nach dem Kater zu suchen, da ich – trotz mehrerer Kurse in Tierkommunikation – nicht glaube, dass ich so etwas kann. Die Mutter wollte aber nicht, dass ihre Tochter erfährt, dass sie mir vom Verschwinden des Katers berichtet hat, also habe ich gesagt: ‚Ok, dann will ich mal sehen, ob ich einen Draht zu Felix bekomme und werde ihm sagen, er soll sich mal zuhause zeigen, wir würden uns alle Sorgen machen.' Im selben Moment hatte ich das Gefühl, dass die Leitung zu Felix „stand", und ich traute mich zu sagen, dass sich das alles gar nicht nach „tot" anfühlt, sondern eher nach „schwer beschäftigt". Natürlich trug ich meiner Patientin auf, sofort anzurufen, wenn Felix sich blicken lässt. Wie erstaunt war ich, als nur eine halbe Stunde später mein Telefon klingelte, und ich die Mitteilung bekam, Felix sei nach Hause gekommen, sei aber schon wieder weg. Ich hatte ja auch nur gesagt, er solle sich zeigen! Natürlich dachte ich – wie immer – dies sei alles nur ein Zufall, aber nachdem Felix' Besitzerin mich später anrief und mir bestätigte, dass alles so war, wie ich es gesagt habe, glaube ich nun doch, dass es wirklich meine Intervention war, die Felix dazu veranlasst hat, sich zuhause zu zeigen."

Renate Düser, Kropp

„Funktioniert Tierkommunikation wirklich? Diese Frage stelle ich mir immer wieder. Karins Kurs war für mich ein ganz besonderes Erlebnis

und das Üben danach war immer wieder eine Überraschung. Ich war mir sehr unsicher, wenn ich ein Gesprächsprotokoll an den Besitzer weiterleitete und umso erstaunter, dass das Feedback doch zeigte, dass ich das Tier wirklich erreicht hatte bzw. es mit mir kommunizierte. Allerdings beschlichen mich immer wieder Zweifel, vor allem bei den eigenen Tieren, ob es wirklich das Tier ist, das zu mir spricht, oder meine eigene Vorstellungskraft, wenn ich das Tier besonders gut kenne.

Eines Tages jedoch hatte ich ein Schlüsselerlebnis, das mir die Gewissheit brachte – Tierkommunikation funktioniert wirklich, auch bei den eigenen Tieren: Ich war seit Kurzem stolze Besitzerin zweier Katzen und als die Zeit reif war, sie hinauszulassen, war mir doch ein bisschen mulmig. Aber ich merkte bald, dass sie anfänglich immer in der Nähe blieben und kamen, sobald man sich im Garten aufhielt.

So war ich verwundert, als ich eines Nachmittags in den Garten ging und nur eine kam. Ich rief nach meinem „Tiger", aber er tauchte nicht auf. Ich legte mich auf die Liege, genoss die Sonne und wartete. Nach einer Stunde tauchte er immer noch nicht auf. Das verunsicherte mich sehr und ich hatte das Gefühl, dass es nun an der Zeit sei, mit ihm zu kommunizieren. Ich baute meine „Brücke" auf und fragte ihn alles Mögliche. Am Schluss teilte ich ihm mit, dass ich mich sehr um ihn sorge und er solle doch zu mir in den Garten kommen, damit ich sehe, dass alles mit ihm in Ordnung ist.

Als ich dann meine Augen öffnete, zweifelte ich an meiner Wahrnehmung. Da kam er seelenruhig zum Gartentor reinmarschiert und schaute mich mit großen Augen an. Das war ein unbeschreibliches Gefühl. Die Zweifel haben sich seitdem verflüchtigt und mein Vertrauen in meine Tierkommunikation ist gewachsen. Manchmal ist zwar noch die eine oder andere Unsicherheit da, aber ich glaube, das ist ganz gut so."

Nicole Penn, Vaterstetten

„Vor zwei Jahren, als ich noch nichts von Tiertelepathie gehört hatte, aber anscheinend schon eine tiefe Bindung zu all meinen Betreuungstie-

ren hatte, ist mir ein „Wunder" begegnet. Meine Kinder und ich hatten zwei Kätzchen, die durch Touristen von einem Bauernhof verschleppt wurden, gerettet. Sie waren zu klein, um selbstständig zu trinken und wir zogen sie groß. Im Spätherbst war dann mein Lieblingskätzchen, Sternchen, verschwunden. Zwei Wanderer meinten, sie hätten das Kätzchen gesehen, als es in Richtung Kapelle marschierte. (Wahrscheinlich ist es wieder verschleppt worden.)

Zwei Wochen bin ich von Haus zu Haus gefahren, ich habe geträumt, dass Sternchen glücklich in meine Arme springt. Am zweiten Wochenende bin ich dann zu einem sehr weit abgelegenen Bauernhaus gefahren. Ich habe Sternchen gerufen und wer biegt um die Hausecke? Meine kleine Katze. Sie ist mit hocherhobenem Schwanz in den bereitgestellten Korb gestiegen und in ihr Haus zurückgebracht worden."

Doris Hölzl, Linz (Österreich)

„Unser Kater Jerry war noch nicht ganz ein Jahr alt, als er beschloss, auf „Große Tour" zu gehen. Wir waren zunächst nicht sehr beunruhigt, da es ein wunderschöner warmer Sommer war, und junge Katzen und Kater dann ja gerne mal für einige Tage nicht nach Hause kommen. Jerry blieb jedoch immer länger aus. Wir suchten ihn und ich versuchte auch mit ihm zu kommunizieren, war mir aber bezüglich der Ergebnisse nicht sicher. Etwa zur gleichen Zeit war Emil, der Kater einer Freundin, ebenfalls verschwunden.

Nachdem Jerry bereits zehn Tage fort war, trafen wir uns mit ein paar Freundinnen, um mit den beiden Katern zu sprechen. Jerry teilte uns mit, dass es ihm gut gehe und er seine Abenteuer genieße. Er plane auch, irgendwann wieder nach Hause zu kommen, aber erst wenn er sich selbst dazu entscheide. Von Emil erhielten wir eine ähnliche Antwort. Wir teilten beiden mit, dass wir ihre Entscheidung respektierten (was sollten wir auch anderes tun), machten sie aber auch auf die Gefahren aufmerksam, die auf sie lauern könnten. Schließlich baten wir sie, nicht mehr zu lange fortzubleiben, da wir uns *doch um sie sorgen und sie vermissen würden. Zu unserer unerwarteten und großen Freude kam Jerry schon am darauffolgenden Tag wieder zurück. Noch am gleichen Abend rief meine Freundin an und meldete auch die Rückkehr von Emil. Wir waren sehr froh, dass die beiden sich unsere Bitte um baldige Heimkehr so zu Herzen genommen hatten.*

Unsere Katze Nicky machte sich eines schönen Sommertages auf, um ein wenig mehr von der Welt zu entdecken. Sie kam aber nicht wie gewöhnlich nach einigen Tagen zurück. Ich hatte einen Tierkommunikationskurs besucht, also nahm ich mit Nicky Kontakt auf, um zu erfahren, ob es ihr gut ginge. Was ich empfing war positiv, sie schien nicht in Gefahr zu sein. Da ich in der Tierkommunikation noch unsicher war, bat ich auch einige Freundinnen, mit Nicky Kontakt aufzunehmen. Inzwischen waren schon zwei Wochen vergangen.

Die Übereinstimmung der Ergebnisse dieser Gespräche war sehr groß. Alle berichteten, dass es Nicky gut ginge. Sie war voller Abenteuerlust und genoss das Leben und die Freiheit. Eine Bekannte, die noch nie bei uns gewesen war, befragte Nicky zu dem von ihr eingeschlagenen Weg, und konnte daraufhin sogar unser Haus und das Grundstück genau beschreiben.

Nicky sagte auch, dass sie irgendwann zurückkommen wolle, jedoch schien sie sehr weit weg zu sein und sie fühlte sich ‚wie ein Schwimmer, der zu weit hinausgeschwommen ist.' Wir nahmen an, dass sie sich verlaufen hatte, kamen aber überein, dass wir nichts anderes tun konnten, als ihr viele liebevolle Gedanken zu schicken um ihr so den Weg nach Hause zu erleichtern. Eines Abends dann, nach über sechs Wochen und einigen weiteren Gesprächen, kam Nicky wie selbstverständlich über den Hof geschlendert. Sie hatte wohl einiges durchgemacht, denn sie war furchtbar mager und struppig, aber offensichtlich sehr zufrieden mit sich selbst.

Dann passierte noch etwas Bemerkenswertes: Die ganze Zeit während Nickys Abwesenheit hatten wir die Engel gebeten, Nicky zu beschützen

und sie nach Hause zu begleiten. Am Abend von Nickys Rückkehr stan-
den meine Mutter und ich auf der Koppel bei den Ponys. Die Koppel ist
von hohen Bäumen umgeben und es war ein schwülwarmer Abend. Kein
Lüftchen regte sich. Plötzlich ging durch einen der Bäume ein Rauschen.
Es war nur an dieser einen Stelle. Ein Vogel war es nicht. Es war wie ein
Luftzug, der wie eine Säule aufsteigt. Uns war dabei auch etwas sonder-
bar zumute. Wir wissen nicht genau, was es war, aber vielleicht hat ein
Engel Nicky nach Hause gebracht?

Katja Kohlhaase, Bovensen

„Vor dieser Art „Gespräch" habe ich sehr großen Respekt. Natürlich ha-
ben die Besitzer die Hoffnung, dass das Tier noch lebt, vielleicht kann es
ja einen Hinweis geben, wo es zu finden ist etc. Und so kam es: Eine Be-
kannte von mir hat um Hilfe gebeten, als ihr Kater nicht mehr heimkam.
Verschiedene Suchmaßnahmen waren erfolglos. Und so nahm ich Kon-
takt mit dem Kater auf. Er lebte und war seiner Beschreibung nach ein-
geschlossen. Der Kater hatte Hunger und war von einer Frau gefüttert
worden. Sie hat auch gerufen: ,Mieze wo bist du, Mieze?' Der Kater war
neugierig in das Haus gegangen. Doch Menschen waren nicht immer in
dem Haus. Seiner Beschreibung nach konnte er von einem Fenster direkt
auf eine Wiese ohne Bäume schauen. Außerdem beschrieb er einen
schwarzen Hund, der eingesperrt sei und bellt. Außerdem klagte der
Arme über Durst.
Die Besitzer machten sich mit diesen Details auf die Suche, hatten aber
leider keinen Erfolg.
So bin ich selbst hingefahren und habe mich vom Haus der Besitzer aus
mental von dem Kater „führen" lassen.
Nicht weit entfernt konnten wir ihn dann aus einem Kanal befreien. Die-
ser Kanal ging auf ein Musterfertighaus zu, dessen Kellerfenster auf eine
Wiese gingen – ohne Bäume. Es waren nur selten Menschen dort und
freitags – dem Tag seines Verschwindens – war eine Putzfrau anwesend.
Als der Kater von Freunden nicht mehr heimkam, baten sie auch um mei-

ne Hilfe. Das erste Gespräch ergab, dass er eingesperrt war. Die Beschreibung war: dunkel, nass, finster, es riecht nach Fisch, Essen. Keine Fenster. Auf meine Frage, ob da Autos seien, kam: ,Nein, jetzt nicht.' Janosch wollte, dass wir ,den Laden aufsperren, den ganzen Laden aufsperren.'

Ich machte mich auf den Weg, um mich von ihm führen zu lassen und tat etwas, das ich heute nicht mehr tun würde: Außer den Besitzern waren auch noch andere, skeptische Freunde dabei und deren Energien haben mich ungünstig beeinflusst. Mein erster Weg – eine Baustelle in einem Parkhaus – wäre sofort der richtige gewesen, aber ... Und so ging ich um das eigentliche Ziel ständig herum. Am Ende war ich so verwirrt, dass ich aufgeben wollte. Zum Glück ging der Besitzer noch einmal in das Parkhaus und da saß unter einem Treppenabsatz der vermisste Kater.

Und eines Tages ging Janosch wieder verloren. In meiner ersten Kontaktaufnahme bekam ich ein sehr fröhliches, fast schon gesungenes „Plumps, da fiel die Türe zu". Es schien, dass sich der neugierige Janosch wieder einmal zu weit vorgewagt hatte. Weitere Infos waren: Geruch von frischer Farbe, neue Teppiche und dann plötzlich ein extrem wütendes „Du verdammter Katzenkrüppel". Das war dann auch schon die letzte Information, die zu mir durchkam. Es folgte dann nur noch eine tiefe, lange Stille. Ich fühlte keine Schmerzen, es schien, dass Janosch nicht mehr am Leben war. Sein Katzenfreund Leone meinte auf meine Frage, ob Janosch noch lebt, nur: ,Wir leben immer, Katzen sind heilig. Ihr seid alle doof im Vergleich zu uns.' Es war für mich nicht leicht, dies unseren Freunden mitzuteilen. Doch eines Tages kam dann die frohe Botschaft, dass Janosch einer Frau zugelaufen war. Völlig abgemagert, aber er lebte. Das Seltsame war, dass er so weit von seinem Zuhause war, dass er diese Strecke unmöglich zu Fuß zurückgelegt haben kann. Eine Möglichkeit war, dass er in ein Handwerkerauto eingestiegen war und unterwegs, als er entdeckt wurde, mit diesem energischen Ausruf an die Luft gesetzt wurde. Aber das bleibt sein Geheimnis."

Angelika Lederer, Nittendorf

„*Also, und hier nun noch die Geschichte von meiner Cäpi (Cappuchi-no). Irgendwie hatte ich das Gefühl, das Cäpi hereinwollte ... Ich rief sie und irgendwo miaute es ... Nur wo? Als ich nochmals rief, konnte ich sie dann doch noch „orten".*

Sie war auf dem Balken unter dem Dach. Leider konnte sie von dort nicht mehr runter. Und wenn sie runtergefallen wäre, dann wäre sie un-gefähr dreieinhalb Meter runter auf mein Velo gefallen ... Tja, und wie bringe ich sie jetzt von dort runter? Ich ging hinein und holte ein Lein-tuch: ,Also Cäpi, wir machen's wie bei der Feuerwehr – ich halte das Tuch und du springst!' Cäpi sah mich nur so an, als wollte sie sagen: ,Hey, jetzt bist du aber nicht mehr ganz dicht ...' – ok, blöde Idee. Ich wieder hinein und dachte: ,Nehme ich eben das Daunenbettdeck, das ist weicher und vielleicht geht es ja damit.' Auch diesmal schaute mich Cäpi an und dachte sich ihre Sache. Dann kam mir die Idee, ich könnte doch das Transportkörbchen nehmen und schauen, dass sie dort reingeht ... Na ja, da ich leider ca. einen halben Meter zu klein bin, konnte ich das Körb-chen auch nur auf Zehenspitzen hinhalten ... Zum Glück haben wir zwei Wäschedrähte über der Laube gespannt, so konnte ich nun das Körbchen dort draufstellen (so wurden meine Zehen etwas entlastet). Dann sagte ich zu Cäpi, sie solle doch ins Körbchen gehen, dann könne ich sie damit runternehmen (nebenbei bemerkt, es war Nacht – vielleicht zum Glück, denn sonst hätte sich jemand bestimmt zu Tode gelacht ob meiner Rettungsaktion).

Cäpi setzte einen Fuß ins Körbchen ... Ich war schon fast am Jubeln ... Aber sie nahm ihn wieder raus ... Dann erklärte ich ihr nochmals, dass wenn sie nun ins Körbchen gehe, ich sie dann irgendwie wieder hinun-ternehmen könne. Ja und siehe da, sie kletterte ins Körbchen und ich konnte das Türchen zumachen. Tja drin war sie ja jetzt, aber da kam mir wieder meine Größe in den Weg: dieser fehlende halbe Meter. Ich, immer noch auf Zehenspitzen, musste das Körbchen wieder nach vorne schie-ben, damit ich nicht noch die Treppe runterfallen würde. So musste Cä-pi schnell den Kopfstand machen im Körbchen, damit ich es runterneh-

men konnte. Na ja und als ich wieder drin war, öffnete ich das Türchen. Cäpi kam raus und alles war wieder paletti ... Tja, das ist meine Geschichte von Cäpi. Liebe Grüsse und schöns Tägli!"

Sonja Scartazzini, Mattstetten (Schweiz)

„Zurückmotivieren" via Tierkommunikation

Generell kann ich nur empfehlen, die Arbeit mit verschwundenen Tieren nicht in die Hand von Tierkommunikations-Anfängern, sondern von Profis zu legen. Es gehört sehr viel Erfahrung und Verantwortung dazu – und alles kann man sich nicht aus Büchern heraus aneignen.

Die Wahrscheinlichkeit, ein Tier wiederzufinden, ist am höchsten, je dichter wir dran sind – sowohl zeitlich als auch räumlich. Lieber vor Ort als aus der Distanz. Lieber mit den Besitzern als ohne – aber Achtung: Hören Sie wie immer auf Ihren Bauch, entscheiden Sie in der jeweiligen Situation immer wieder neu!

▶ Klären Sie zuerst die Motivation des Tieres.
▶ Klären Sie den Hintergrund der Familie: Will das Tier dorthin zurück?
▶ Ist die Katze aus ihrer eigenen Perspektive vielleicht ins Glück „entwischt"?

Je mehr wir selbst uns unter Druck setzen, das Tier wieder aufspüren zu wollen, desto gestresster sind wir – und somit auch eventuell kommunikationsunfähiger. Klären Sie also, ob Ihr Arbeitsauftrag wirklich das Wiederfinden ist – und ob Sie diese Verantwortung auf sich nehmen und tragen wollen, oder ob es Erleichterung und Annahmebereitschaft bei den Besitzern gibt, schlicht den Zustand des Tieres zu klären. Geht es ihm gut, hat es Futter und Wasser? Doch machen Sie sich und Ihre Klienten auch bereit, dass dies eventuell nicht so sein könnte ...

Wir sagen oft, dass Gewissheit uns hilft, Abschied zu nehmen und loszulassen – aber was, wenn die Gewissheit eine Ungewissheit ist oder eine schreckliche Gewissheit?

Bitten Sie den Tierbesitzer immer, vorab oder parallel alle realen Wege zu gehen (Tierarztpraxen, Aushänge im Supermarkt, Polizei ...) und auch Forstämter mit einzubeziehen, das wird oft vergessen! Und bereiten Sie auch den Tierbesitzer schonend auf alle Möglichkeiten vor. Wie wird er damit klarkommen? Ist er sich dessen bewusst und bereit, anzunehmen, was sein Tier sich von ihm wünscht?

Lassen Sie Ihre Motivation für die Kommunikation mit einem verschwundenen Tier auch das Abschiednehmen und Loslassen-Ermöglichen sein.

Klären Sie für sich schon im Vorfeld, wie Sie mit möglichen Komplikationen umgehen: Was tun Sie, wenn das Tier in einer ausweglosen Situation steckt? Wie vermitteln Sie das den Besitzern? Wie gehen Sie damit um, wenn es sich um Ihre eigene Katze handelt? Oder wie leben Sie gegebenenfalls damit, die Ergebnisse für sich zu behalten, um Tier oder Besitzer zu schützen?

Wie ist Ihr spirituelles Bild vom Geschehen?

Machen Sie sich bewusst: Katzen kommen und gehen, sie suchen sich gern neue Aufgaben oder „wildern sich selbst aus", wenn ihre Aufgabe in einer Familie geklärt – oder unlösbar – ist.

Tipps zur Vorgehensweise

Bis zu einem gewissen Grad kann man dem Tier mental oder ganz real folgen, und am einfachsten ist es, das Tier innerhalb einer relativ kurzen Zeitperiode zu finden. Je mehr Zeit vergangen ist, desto mehr tauchen verschiedene Umgebungen, Eindrücke und Erlebnisse auf, zwischen denen man hin und her geworfen wird. Diese können wiederum ihrerseits die fortgesetzte Kommunikation einfärben.

Tiere, die schon einige Monate weg waren, sind auf jeden Fall für die meisten sehr schwer zu kontaktieren und zu finden.

Ganz effektiv ist es, eine Energieblase um das Tier zu legen, und diese sukzessive zu verringern, in Richtung des Platzes, wo das Tier ursprünglich verschwunden ist. Laden Sie auch die Besitzer dazu ein, sich das Tier in seiner vertrauten Umgebung vorzustellen (der Hund vor dem Kamin liegend, die Katze im Stall spielend, das Lieblingsfutter oder Leckereien gebend) und dem Tier harmonische Bilder zu übermitteln.

Negativ zu denken wie: „Er wird niemals heimkommen", „Er/sie findet es nicht", „Es ist etwas passiert" – solche Gedanken sind kontraproduktiv. Daher bietet es sich unter Umständen tatsächlich an, einen externen Tierdolmetscher zu beauftragen, der einigermaßen „neutral" ist.

Fokus und Resonanz zählen und steuern unsere Energie. Wenn wir zweifeln, haben wir nicht unsere volle Energie zur Verfügung.

Wenn Sie dazu eine Affinität und ein bisschen Erfahrung haben, können Sie mit Pendel, Tensor und Hilfe aus der geistigen Welt auch über Landkarten oder klare Fragestellungen arbeiten.

Wenn Sie Kontakt hergestellt haben, motivieren Sie ruhig auch das Tier, seine Umgebung bei den Menschen, mit denen es nun gerade neu zu tun hat, oder die es hören kann, zu „erfragen" – zu erlauschen ... vielleicht ergibt das wertvolle Informationen.

Und ganz wichtig: Verrennen Sie sich nicht. Wenn ein paar Wochen verstrichen sind, werden die Informationen unschärfer und widersprüchlicher. Lassen Sie los. – Dann werden Sie sich umso mehr freuen, wenn der kleine Stubentiger unerwartet doch irgendwann in der Tür steht. Denn wie heißt es so schön im Volksmund: Totgesagte leben länger!

Kurserfahrungen V – Gesucht und gefunden

„Meine Kommunikation macht riesige Fortschritte. Meine Pferde merken oft so wichtige Kleinigkeiten an, die mir wirklich weiterhelfen, z.B. beim Fegen der Stallgasse kam: ‚Bitte mehr Späne in der Gasse lassen!' Oder ‚Die Zweige sind gut', nachdem ich im Paddock einige Birkenzweige zum Knabbern ausgelegt hatte. Heute morgen kam: ‚Du hast Durchfall, du solltest Luzerne essen!' Nein danke, ich habe nur zu viele Mandarinen gegessen, auf die Luzerne verzichte ich lieber ...

Letzte Woche sah ich, wie meine Stute Helina sich mitten auf die Koppel legte. Ich fragte sie, ob alles in Ordnung sei. Antwort: ‚Ich fühle mich sicher. Die Leitstute passt auf, du passt auf, und wenn etwas ist, dürfen wir dich rufen. Das hast du versprochen!' Stimmt, das habe ich, und ich freue mich, dass meinen Tieren das Versprechen so viel bedeutet, und sie sich auf eine funktionierende Kommunikation mit mir verlassen. Ansonsten fliege ich nächste Woche für ein paar Tage nach New York, und bin wirklich froh, dass ich auch von dort zu meinen Tieren Kontakt aufnehmen kann und für sie ansprechbar bleibe. Im Nachhinein hat sich auch noch eine Merkwürdigkeit bei der Fotokommunikation mit Bella bei dir im Kurs aufgeklärt. Dort hatte nämlich Bella das Wort „Wurst" zu mir gesagt. Ich wollte es erst gar nicht aufschreiben, weil es mir zu abwegig schien. Am Montag habe ich dann begriffen, was sie mir sagen wollte: Meine Katze Nina hatte ein entzündetes Auge, und bei solchen Sachen bekommt sie „Wurst" (Kolloidales Silber mit Leberwurst verrührt!). Wie peinlich mir das war, weil ich Bella nicht sofort verstanden habe! Aber wir üben ja noch.

Ansonsten hatte ich noch eine gute Idee. Eine Bekannte von mir arbeitet im hiesigen Tierheim. Ich habe sie gefragt, ob ich ehrenamtlich mit ein bis zwei Tieren pro Monat kommunizieren darf. Sie war erst skeptisch, weil sie nicht wusste, was sie davon halten sollte, hat es aber trotzdem im Tierheim angesprochen. Zwei Tage später kam der Anruf: Sie hätten da zwei Katzen, die seien so krank, ob ich mal Kontakt aufnehmen könnte? So schnell geht das. Viele Leute sind nicht so verbohrt, wie man glaubt.

Ich wünsche Dir noch einen schönen Tag und sage: Bis bald und liebe
Grüße.“

Silvia Graf, Rüthen

„Die Kurserfahrung war super! (reicht Dir nicht, was?) Dein Kurs hat
mir sehr viel gegeben. Seither sehe ich die Tierwelt mit anderen Augen –
eigentlich die ganze Welt. Manchmal macht mir das etwas Angst, aber
ich freu mich auch, dass ich ein bisschen zum Verständnis zwischen
Mensch und Tier beitragen kann. Du hast das in dem Kurs sehr gut
rübergebracht (machst das wohl öfter – grins). Katergefühl: Mein Kater
Peter ist ein Erbstück meines Großvaters. Keiner wollte ihn (Peter) und
ich wollte ihn auf keinen Fall ins Tierheim geben. Er ist jetzt 18 Jahre und
seit 3 Jahren bei mir. Als ich an dem Kurswochenende Kontakt zu ihm
aufgenommen habe, habe ich „nur“ Gefühle empfangen. Ich habe ihn gefragt, ob er sich bei mir wohlfühlt. War mir da nicht so sicher, weil ich
viel unterwegs bin und er sonst (bei Opa) nie allein war. Ich bekam star-
kes Herzklopfen und ein wildes Kribbeln im Bauch. So wie wenn man
verliebt ist (hört sich blöd an, war aber so). Ich hatte das Gefühl, als ob
ich ihn im Arm habe und fest an mich drücke. Dann wurde das Herzklopfen noch stärker und ich habe vor Freude und Glück angefangen zu
weinen. Leider war dann auch die Verbindung weg und ich konnte sie
nicht mehr herstellen. War zu aufgewühlt. Gisela sagte mir nachher, dass
sie auf die Frage „nur“ eine Farbe empfangen hat – Rosa! Das ist ja wohl
total klasse, oder? Ich wünsche Dir noch einen schönen Abend und sende liebe Grüße.“

Steffi Holland-Moritz, Korbach

„Also ich habe diese zwei Tage sehr genossen und es erstaunlich gefunden,
wie viele Dinge schon bei den ersten Versuchen gestimmt haben. Ein paar
von diesem Kurs stehen jetzt noch immer miteinander in Kontakt, wir
üben brav und ich habe schon ein paar positive Feedbacks bekommen
und auch geben können ;-). Schon im Kurs hat es bei mir mit den Tieren

besser geklappt als mit den Menschen, was du ja darauf zurückführst,
dass die ja die „Profis" sind. Noch fällt es mir sehr schwer, zwischen mei-
ner Fantasie und dem, was wirklich vom Tier kommt, zu unterscheiden.
Wenn ich meine Protokolle durchlese, zögere ich oft noch, wirklich alles
so an den Besitzer zu schicken ... ich tue es dann aber doch, und siehe da,
es stimmen die merkwürdigsten Dinge (zum Beispiel hab ich bei einem
Hund gesehen, dass er gern ein Kaninchen anstupst – das hat ge-
stimmt!!!). Was noch gar nicht klappt, ist Kommunikation mit meinen
eigenen Tieren: Da bekomme ich maximal ein „wohliges Gefühl", aber
das ist wohl eher die Zuneigung!? Etwas, das ich in Worte fassen könn-
te, habe ich noch nicht erhalten. Daher werde ich bestimmt noch weitere
Kurse bei dir besuchen, denn das wäre mein größter Wunsch: Dass ich es
auch bei meinen Tieren kann! Danke, dass du uns diese neue Welt eröff-
nest und für die Mühe, uns das beizubringen!"

Marion Hawel, Wien

Reflexion meines „telepathischen Werdegangs": Zu Beginn hatte ich gro-
ße Skrupel und Skepsis. Weniger, dass es „so etwas" wie telepathische
Kommunikation wirklich gibt, sondern vielmehr, ob ich dazu fähig bin.
Daher befragte ich anfangs nur Tiere von Bekannten, um die Ergebnisse
nachprüfen zu können.
Inzwischen hat mir die Telepathie im Umgang mit Tieren, vor allem
auch im Alltag mit meinen Tieren, eine neue Dimension eröffnet: Noch
mehr Nähe, noch liebevollerer Umgang und die Möglichkeit der Rück-
frage.
Die Kommunikation mit fremden Tieren, deren Besitzer mich darum
bitten, hat sich für mich als willkommener Gegenpol zum Tierschutz ent-
wickelt. Das tut ungemein gut, denn egal in welchem Bereich ich mich
engagiere: Ich stelle fest, dass ich zu einem Tunnelblick neige und leicht
das Gefühl bekomme, die ganze Welt bestünde aus unglücklichen Tieren.
Im Gegensatz zum Tierschutz trifft man im Rahmen der telepathischen
Kommunikation jedoch auf Tierhalter, die sich bereits viel Mühe geben

und es noch besser machen wollen, weil sie ihre Tiere lieben. Natürlich stelle ich mich immer wieder infrage, befürchte, ein „Scharlatan" zu sein. Daher ist es für mich nach wie vor sinnvoll, eine Rückmeldung der Tierbesitzer zu bekommen. Manche Bitten, die verzweifelte Tierbesitzer an einen herantragen, sind allerdings wirklich sehr schwer zu erfüllen: So gehört die Suche nach verlorenen Tieren zu den allerschwierigsten Hürden, die telepathisch zu nehmen sind. Tiere, die sich verlaufen oder auch gestohlen werden, merken sich nun mal nicht die Straßennamen, an denen sie vorbeikommen oder die Automarke und das Nummernschild ihres Entführers. So gehört oft auch eine gehörige Portion Glück und eine gute Zusammenarbeit und Vernetzung möglichst vieler tierlieber Menschen dazu, verlorene Tiere zu finden. Doch manchmal klappt es: Einmal wandte sich ein verzweifeltes Ehepaar an mich, das eine ihrer beiden geliebten Katzen vermisste. Bei der Kontaktaufnahme stellte sich heraus, dass sie sich verlaufen hatte und dann in ein Auto gestiegen war. Sie beschrieb Teile des Autos, Geräusche und den Ort, an dem sie sich jetzt befand. Daher wussten wir, dass der Suchradius erheblich vergrößert werden musste, und dass sie sehr schwach und krank war. Wir befürchteten das Schlimmste, da ich über eine befreundete Tierarztpraxis erfuhr, dass in dieser Gegend gerade viele Katzen gestohlen wurden. Doch hier half die moderne Technik: Betroffene Tierbesitzer des Ortes hatten eine Internetseite erstellt und waren mit Tierheimen der näheren und weiteren Umgebung vernetzt, um alle Chancen auszuschöpfen. Das Ehepaar kam also über diese Internetseite auf die Seite eines ca. 30 km entfernten Tierheimes. Dort erkannte der Mann auf den Fotos der Fundtiere seine geliebte Katze! Sie war in einem erbärmlichen Zustand, halb verhungert und hing am Tropf. Er fuhr sofort hin, um sie abzuholen. Dort stellte er fest, dass es genau so aussah, wie die Katze es beschrieben hatte. Sie gelangte dorthin durch einen mitleidigen Mann in einem Wagen, der ebenfalls die von ihr beschriebenen Eigenschaften aufwies. In diesem Fall spielte also eher das Schicksal, dass sich das Ehepaar an mich wandte, und die Zusammenarbeit die tragende Rolle. Doch durch die Kommuni-

kation mit der Katze wurde die Hoffnung des Ehepaares genährt, dass
ihr Tier noch am Leben ist und sich eine weitere Suche lohnt."

Steff Ostendorf, Groß-Ziethen

„Vor ca. vier Jahren drückte mir eine Freundin ein Buch in die Hand.
„Der sechste Sinn – Zwiesprache mit Pferden" stand drauf. Sie sagte:
‚Lies mal, es geht um: mit Tieren sprechen.' Ich belächelte sie und
erwiderte, dass das doch Quatsch wäre. Wie soll denn so etwas gehen ...
Sie war so überzeugt davon, dass ich es mir doch ansah und schließlich
las. Ich las dieses Buch in kürzester Zeit, was ich bisher noch mit keinem
Buch schaffte. Das Beeindruckendste war für mich, dass ich während des
Lesens schon zum ersten Mal mit einem Tier kommunizierte. Und zwar
mit meinem Pferd, das zwei Wochen vorher gestorben war, das ich aber
noch nicht loslassen konnte. Er sagte: ‚Mir geht's gut, mach Dir keine
Sorgen.' Und damit ging er endgültig.
Ab da war mir klar, das muss ich unbedingt lernen. Es war das, wovon
ich immer dachte: ‚Es muss doch noch irgendetwas geben.' Ein halbes
Jahr später fuhren meine Freundin und ich durch fast ganz Deutschland
zu Karin. Mir schwirrten viele Gedanken und Zweifel im Kopf herum.
Klappt es bei mir? Kann ich das wirklich lernen? Es können bestimmt al-
le außer mir ... usw. Irgendwann in diesem Kurs hatte jeder einen klei-
nen Erfolg. Und Karin schaffte es, uns zu motivieren, indem sie uns im-
mer wieder suggerierte: Es ist ganz einfach. Nach diesem Wochenende
übten meine Freundin und ich sehr viel. Wir schnappten uns fast jedes
Tier (natürlich mit Einverständnis des Besitzers) im Reitstall und über-
raschten immer mehr Besitzer mit vielen Übereinstimmungen, die wir
gar nicht wissen konnten. Außerdem unterhielten wir uns häufig telepa-
thisch miteinander.
Aber irgendwann kam ich an einen Punkt, wo nichts mehr ging. Ich hatte
mich von meinem damaligen Freund getrennt und war ziemlich durch-
einander. Schließlich besuchte ich Karin zu einem Auffrischungskurs.
An diesem Wochenende lösten sich bei mir einige seelische Blockaden.

Die Tierkommunikation funktionierte von da an besser denn je. Als ich nach Hause kam, waren einige und auch ich selbst sehr überrascht, wie erholt ich war und das in drei Tagen! Natürlich übte ich fleißig weiter und kam bald zum nächsten Training mit einem zusätzlichen Tag über Healing. Was ich in diesen drei Tagen alles lernte, krempelte mein Leben wieder komplett um. Ich merkte, wie ich immer sensibler wurde und wie sich meine telepathischen Fähigkeiten verbesserten. Nun hatte mich der Ehrgeiz gepackt. Ich wollte mein Wissen weitergeben und Kurse geben. Also besuchte ich den dritten Kurs. Hier bekamen wir den letzten „Schliff" und wiederholten noch einige wichtige Punkte. Als Assistentin durfte ich noch mal bei einem Einsteigerkurs dabei sein. Ich konnte in den Gesichtern die gleiche Unsicherheit wie bei mir damals sehen. Auch die Fragen erinnerten mich an meine. Es war, als ob sich alles wiederholen würde. Inzwischen gebe ich selbst Kurse. Es macht mir sehr viel Spaß. Und bei jedem kleinen Erfolg eines Teilnehmers könnte ich einen kleinen Luftsprung machen, weil ich mich so mitfreue. Vor allem steigt ständig die Nachfrage, was mich natürlich noch mehr motiviert. Eine große Motivation ist mein Pferd „Freschi". Ich bedanke mich bei ihm, der mich immer wieder aufmuntert oder mir mit weisen Ratschlägen weiterhilft und immer für mich da ist."

Andrea Fürgut, Memmingerberg

Apropos Fressen, Trinken und Verdauen

„Katzeklo, Katzeklo ... ja, das macht die Katze froh ...", sang Helge Schneider vor einigen Jahren. Kaum eine heimische Haustierart scheint uns derart mäkelig beim Fressen und Verdauen wie unsere lieben Stubentiger.

Stellen wir die Toilette an den falschen Ort, hat sie die falsche Form, Größe, Farbe oder Streu – schon haben wir die Bescherung. Und die Vorlieben für Orte und Einstreu wechseln! Stress in der Umgebung, mit oder bei den Bezugspersonen, Unachtsamkeiten beim Saubermachen oder im Umgang: Katzen zeigen uns auf ihre Art, dass etwas nicht in Ordnung ist.

So auch bei Onkelchen: *„Erst einmal müsst ihr das Katzenklo umstellen, es ist grauslich da, wo es jetzt ist. Ich möchte es lieber ganz hier oben haben.* (Ich widerspreche, denn mein Arbeitszimmer, damals unterm Dach, war mit dunkelblauem Velourteppich ausgelegt.) *Doch, das würde schon gehen. Leg doch Zeitung drunter, dann stört es dich nicht im Arbeitszimmer.* (Aber nicht, wenn wir jetzt weg sind, wende ich ein. Bis ins Arbeitszimmer hochzukommen ist ein wenig anstrengend für Katzensitter) *Gut, dann wenn ihr wieder da seid. Ich werde mich dran halten! Es war spannend auf dem Balkon. Manchmal verliere ich ein wenig die Orientierung. Ich bin eine alte Katze. Vermisse die alte Frau* (bei der Onkelchen vorher lebte) *ein wenig, ab und zu. Wir haben immerhin ein halbes Leben geteilt. Gut, dann ist das abgemacht mit dem Katzenklo."*

Von der Reise zurückgekehrt erfuhr ich, dass die verzweifelten Katzensitter, drei nette junge Mädchen aus unserem schwedischen Bekanntenkreis, schließlich den Zugang ins Obergeschoss verbarrikadiert hatten und Onkelchen das Erdgeschoss zugewiesen hatten. Weil er sich nicht an die Benutzung seiner drei (!) Katzentoiletten gehalten hatte, und schließlich sogar den gefliesten Flur (mit Vorliebe hinterm Sofa, wo man als Mensch nur ganz schwer rankommt) als vierte Toilette missbraucht hatte ...

Nun ist es ja nicht besonders konstruktiv, dem Tier eine Schuld zuzuschieben oder gar böse Absichten zu unterstellen. Das ist menschliche Unterstellung und Bewertung.

Ich befragte Onkelchen und bekam eine einleuchtende Erklärung: *„Da waren zu viele mir völlig fremde Energien. Laute Geräusche, verzerrt, Geräuschgewirr, schräg und viele bunte Töne durcheinander. Alles seltsam und fremd und unheimlich. Sie waren so **laut** und **kreischig**!"*

Ich musste breit grinsen und konnte meinen geräuschempfindlichen alten Kater gut verstehen. Denn ich kann mir sehr gut vorstellen, dass drei junge Damen die Stereoanlage recht weit aufdrehen, wenn kein anderer Zweibeiner da ist ... und kaum waren sie abgereist, hatten wir keine Probleme mehr mit Unsauberkeit und fehlender Trefferquote.

Unsauberkeit

Nach meiner Erfahrung sind die meisten Markierungen Kommunikationsversuche. Fragen wir uns also lieber: Was ist anders? Was hat sich verändert im Vergleich der Situation „Klo benutzt" und dem Gegenteil davon ... Was wollte die Katze damit ausdrücken und markieren, wenn es sich nicht um offensichtliches Reviermarkieren handelt?

Manchmal liegt es – für uns scheinbar profan – am Unmut über Handwerker im Haus, Streit zwischen den Ehepartnern oder schlicht den Intervalle des Streuwechsels, an der Streu selbst – oder an ganz etwas anderem, wie Anne Drewes aus Rommerskirchen berichtet:

„Paul, ein stubenreiner, wohlerzogener Kater steht morgens auf und bekommt sein Frühstück. Mein Lebensgefährte liegt noch faul im Bett, obwohl es mittlerweile fast Mittag ist und er doch schon lange das Katzenklo sauber gemacht haben sollte. Nun ja, Paul geht halt auf ein dreckiges Katzenklo und verrichtet sein Geschäft. Als er jedoch mitbekommt, wie ich vergeblich versuche, meinen Lebensgefährten aus dem Bett zu kriegen, damit er an diesem Tag überhaupt noch etwas schafft, bricht Paul ganz offensichtlich sein Geschäft ab, springt auf die Bettdecke, unter der sich mein Freund befindet, macht sich bereit und entleert sich auf meinem Freund mit den Worten ,So, das hast du nun davon!' Mein Freund springt wild zeternd aus dem Bett und schreit ,Iiih!' und ,Bäh!'. Paul schaut ihn nur an ,Geht doch! Aufgestanden bist du ja jetzt!'

Schlechte Schwingungen

Ich habe zwei Jahre lang einen Hof bewohnt, der energetisch gesehen in äußerst behandlungsbedürftigem Zustand war. Wenn ich da war, konnte ich das Energielevel einigermaßen halten, was allerdings im Lauf der Zeit massiv an meine Kräfte ging. War ich auf Reisen, kippte der Status allerdings und führte so weit, dass alle Bewohner, zwei- wie vierbeinig, sich während der Dunkelheit ängstlich in einem Raum versammelten und buchstäblich aufs Tageslicht warteten, bis sie sich wieder raustrauten. Teils unbewusst, teils bewusst habe ich mich geschützt, indem ich meine Antennen außerhalb meiner Arbeit so gut wie möglich eingefahren habe. Mein Kater hatte also nur die Chance, mich auf Ungutes aufmerksam zu machen, indem er zu drastischen Mitteln griff. Vor meinem Schlafzimmerschrank fand ich prompt regelmäßig wurstförmige Hinterlassenschaften. Und ich verstand einfach nicht, was er meinte mit: *„Hier stinkt es, hier ist es ganz und gar nicht in Ordnung."* Das wusste ich doch alles schon! Mit Räuchern und Salz, Heilerkollegen und allerlei Feng Shui war kein Beikommen. – Mein alter Kater markierte immer noch. Als wir zu guter Letzt auszogen, wurde das wirkliche Übel offensichtlich: Hinter dem Schrank wucherte Schimmel. Ja klar, so simpel! Vor lauter energetischem Stress waren wir auf das Naheliegendste nicht gekommen: ganz profaner Schimmel, bedingt durch ein Leck in der Wand zum angrenzenden Badezimmer.

Derselbe Kater begann drei Jahre später auf die gleiche Art in meinem Häuschen zu markieren – beschränkt auf drei ganz spezielle Stellen. Wieder blieb alles Suchen und Forschen auf herkömmlichem und alternativem Weg erfolglos. Zusätzliche Katzenklos, andere Streu, peinliche Sauberkeit, allerlei Duftsprays, Tierarztcheck – nichts half. Dafür fühlten wir Menschen uns immer niedergeschlagener. Bis wir einen energetischen Großputz veranstalteten und diesmal tatsächlich auf der feinstofflichen Ebene fündig wurden und Abhilfe schaffen konnten.

Fortan war der Kater wieder willig, seine großen Geschäfte säuberlich im Klo zu verscharren und unsere Melancholie und gedrückte Stimmung war wie weggeblasen. Ganz schön schräg? Zufall? Schimmel war diesmal jedenfalls nicht die Ursache.

Wir gehen öfter mit Schwingungen in Resonanz, als uns lieb ist. Die einen von uns mit dem einen, andere mit anderen Themen. Auf ein und derselben Wasserader schlafend kann ich vielleicht sehr krank werden, während mein Partner dazu unter Umständen keinerlei Resonanz verspürt.

Futter – lieber natürlich frisch

Das Gleiche gilt natürlich auch fürs Futter unserer Katzenlieblinge. Wenn Sie und Ihr vierbeiniger Freund mit dem bisherigen Futter wunderbar zurechtkommen – das Fell glänzt, die Augen leuchten, Appetit und Stuhlgang lassen nichts zu wünschen übrig – perfekt! – überspringen Sie diesen Absatz einfach.

Andererseits wissen wir, dass Mensch und Tier Giftstoffe nur in begrenztem Maß kompensieren können. Irgendwann ist das Maß voll, läuft das Fass über. Dann sind Zivilisationskrankheiten wie Krebs, Herzkrankheiten, Diabetes – ganz zu schweigen von Niereninsuffizienz und Hautkrankheiten – die Folge.

Aromen, Geschmacksverstärker, Farb- und Konservierungsstoffe, Süßstoffe, Hormone, Bakterien, Pilze, ja sogar Erdgas, Autoreifen, Klärschlamm und, und, und ... „Katzen würden Mäuse kaufen", fasst Hans-Ulrich Grimm die Ergebnisse der Recherchen für sein „Schwarzbuch Tierfutter" zusammen.

Tragisch, dass der Wunsch, es richtig zu machen, alle Nährstoffe drin zu haben und es wirklich gut zu meinen, so oft zu Fertigfutter führt. Feuchtfutter kommt bequem aus der Dose, noch öfter greift man zu gefriergetrockneten „Was-auch-immer-da-drin-ist-Kügelchen". Jetzt überlegen wir mal: Was würden Sie lieber auf Ihrem Teller haben? Kartoffeln, Gemüse, Nudeln, Fleisch – oder das Gleiche in der gefriergetrockneten, pelletierten Krümelform?

Eben. „Gutmeinen" heißt eben leider wieder mal nicht „gutmachen". Das Surrogat von etwas, das noch dazu eine ganz andere Form, Konsistenz, Farbe hat oder schick unnatürlich eingefärbt wird, schmeckt nicht nur wie ein Ersatz, sondern befriedigt auch in etwa genausowenig und macht auf Dauer krank, psychisch wie physisch. Egal wie teuer!

Längst nicht alles muss deklariert werden. Im Zweifel schreibt man EG-Zusatzstoffe drauf, dann weiß keiner mehr genau, was sich dahinter verbirgt. Und selbst, wenn Sie sich ein bisschen mit den Deklarationen im Kleingedruckten beschäftigen oder sogar freundlich bei den Herstellern nachfragen – es steht nicht alles drauf, was drin ist. Und was ein paar Katzenjahre lang gut geht, muss es nicht bis ans Lebensende tun.

Ist nun Selbermachen eine Alternative? Eine gute, sicherlich. Naturnahe Ernährung ist das, was beispielsweise Angela Münchberg in ihrem Katzenkochbuch „Katzen naturnah ernähren" erklärt und anleitet. Es ist nicht so schwer, wie man denkt. Auch Vorratshaltung ist bei der Frischfütterung möglich und erstaunlich kostengünstig auch noch.

Denken Sie bei der Umstellung nur bitte daran, dass die kleinen Fellpfotenfeinschmecker es bitte ganz langsam und dezent untergemischt angehen lassen möchten!

Entscheiden Sie sich für Fertigfutter, dann wird Ihre Katze (und erst recht das Fleisch liefernde Tier) es Ihnen sicherlich danken, wenn Sie auf Bioprodukte zurückgreifen und auf solche, in denen Sie die Zutaten noch klar erkennen können. Ins Katzenfutter gehören sicherlich weder Soja noch Karamell, Zuckersirup, Geschmacksverstärker, Aromen, nicht näher deklarierte Zusatzstoffe, Farbe, naja ... siehe oben.

🐱 Hinweis von Onkelchen

„Wir Katzen sind ganz schön mutig, wisst ihr?! Wir essen und trinken, was ihr uns vor die Nase setzt. Manchmal zumindest. Zum Glück sind unsere Nasen empfindlich und warnen uns oft genug vor dem Inhalt. Dann lassen wir es stehen. Manchmal wird getarnt, was ihr in uns hineintut, oder so klein vermengt, dass wir nur die Wahl haben, hungrig alles stehen zu lassen oder es doch anzunehmen. Wir haben grenzenloses Vertrauen in manche der Menschen, die für uns da sind. Wir kompensieren auch eine ganze Menge, damit es euch nicht schadet. Manche von uns haben die Hoffnung, diese schlechte Nahrung zu neutralisieren oder zu transformieren, wenn wir sie zu uns nehmen. Wir sind Mittler zwischen dem magnetischen und dem elektrischen Schwingungsfeld. Aber alles können wir auch nicht. Gebt uns nichts Künstliches, keine Chemie. Es tut uns nicht gut. Wir begeben uns in Abhängigkeit von euch. Achtet unsere Bedürfnisse und stellt sie eurer Bequemlichkeit voran. Oft achtet ihr selbst nicht auf eure Nahrung. Wir können das nicht verstehen. Denn was uns nährt, verbindet uns mit Erde und Himmel. Wir zeigen euch

durch unsere Krankheit auch, wie leichtsinnig ihr nicht nur mit unserem, sondern auch mit eurem Körper umgeht."

Unser Trinkwasser hat es unter Umständen übrigens auch in sich und trotzdem ist es meist qualitativ besser als das, was wir teuer in den Geschäften kaufen. Auf dem Markt gibt es allerlei Produkte, die Qualität und Eigenschaften unseres Wassers zu verbessern versprechen. Einiges hilft sicher, anderes macht es zumindest nicht schlimmer. Bilden Sie sich Ihre eigene Meinung dazu, wofür Sie sich gegebenenfalls entscheiden. Tatsache ist, dass Wasser sämtliche Informationen speichert, an denen es „vorübergeflossen" ist. Längst nicht alles wird in den Klärwerken herausgefiltert, was uns und unsere Pflanzen und Tiere übers Trinken beeinflusst und energetisch informiert. Ganz davon abgesehen, dass die langen Leitungswege es nicht unbedingt besser machen. Rechtsdrehendes Quellwasser kommt nicht so ohne Weiteres aus Ihrem Wasserhahn, aber es ist möglich.

Stressablösungen und Heilarbeit

Manchmal reicht es nicht, mit dem Tier „darüber zu reden". Wenn die Kommunikation allein nicht genügt, um eine Veränderung herbeizuführen, und Tierarzt oder Heilpraktiker auch nicht recht weiterwissen beziehungsweise bestätigen, dass das Problem eher im psychischen Bereich angesiedelt ist, können wir am Faktor Stress ansetzen. Natürlich genügt eine Kommunikation allein nicht immer. Wir wissen jetzt vielleicht mehr über das Problem, aber weg ist es dadurch noch nicht.

Kinesiologie und Klopftechniken bieten uns wunderbare Möglichkeiten, nicht nur für uns selbst, sondern auch für unsere Tiere Stress mit Futter, Katzenklo oder allerlei anderen Ärgernissen und Themen aufzulösen. Über diese beiden Möglichkeiten gibt es allein schon Regalreihen voller Bücher, an dieser Stelle kann ich nur kurz das Prinzip erklären.

Unser Körper speichert alle Informationen, der unserer Katze natürlich auch. Über einfache Muskeltests können wir uns das zunutze machen und quasi „Ja/Nein"-Antworten auf unsere Fragen erhalten. Die verschiedenen Formen der Psychokinesiologie oder Tierkinesiologie arbeiten letztlich alle mit einer sogenannten ESA, der emotionalen Stressablösung. Das heißt, wir erfragen nicht nur Ursache oder Hintergrund einer Erkrankung oder psychischen Thematik, sondern erarbeiten auch gleich eine Lösung. Die Surrogatperson, die dazu in die Rolle des Tieres schlüpft, übernimmt dies stellvertretend – und es wirkt, wie zahlreiche Tierbesitzer bestätigen werden. Fragen Sie herum, es gibt sicherlich auch jemanden in Ihrer Nähe, der kinesiologisch arbeitet.

Klopftechniken sind so simpel, dass sie jeder selbst anhand von Büchern lernen kann. Auch sie basieren auf dem Wissen, dass wir körperlich alle Informationen abspeichern. An bestimmten Meridianpunkten können wir uns, gekoppelt mit der Formulierung des Themas auf bestimmte Art und Weise, quasi die Lösung „einklopfen". Es geht darum, uns (und unsre Katze) so zu lieben und aus ganzem Herzen anzunehmen, wie wir sind – trotz all unserer Unzulänglichkeiten. Jeder Schritt, den wir da tun, bringt uns näher an die Heilung heran.

Wir leben in einer Zeit, in der es für viele von uns nicht länger angezeigt ist, die Verantwortung für unsere Heilung blind abzugeben an einen Schamanen, ob er sich nun Dr. med. (vet.) oder Heilpraktiker oder Guru nennt.

Wir wollen im Prozess beteiligt sein, wir wollen mitarbeiten – Verantwortung übernehmen, an sie erinnert werden und dazu stehen.

Wir wollen beteiligt sein. Selber machen.

Und das können wir, na klar. Es ist ganz einfach.

Auch hier gilt wieder: Energie folgt der Absicht. Oder wie Jiao Guori etwas ausführlicher erklärt: *„Dort wo wir mit den Herzen sind, dort-hin folgen unsere Gedanken. Wo die Gedanken sind, folgt das Chi. Wo das Chi ist, folgt die Kraft."*

Und auch hier wieder helfen uns unsere Katzen. Sie haben eine ganz besondere Heilkraft. Und kommen oft zu uns, um uns in unserer Heilarbeit zu unterstützen und zu helfen. Wo setzt sich die Katze in einer Runde von zwanzig Menschen am liebsten hin? Zu dem einen, der allergisch, geschwächt oder angeschlagen ist! Haben wir Kopfweh, schlingt sie sich um unseren Nacken, krampft der Bauch, rollt sie sich dort zusammen. Katzen gleichen aus, resorbieren, besänftigen – helfen heilen.

Eine Seminarteilnehmerin, die an einem Feng-Shui-Kurs teilnahm, der bei uns zuhause stattfand, war Katzenhaarallergikerin. Als Feechen demonstrativ bei ihr Platz nahm, war sie sprachlos und natürlich auch ein wenig ängstlich. Meine schwarze Katze signalisierte eindeutig, dass sie hier arbeiten wollte, streckte sich und legte sich der Länge nach auf den Brust- und Bauchraum ihrer „Patientin".

Als der Dame nun niemand von uns zu Hilfe eilen wollte, gab sie ihren Widerstand auf – unter Vorbehalt natürlich – solange sie kein Asthmaspray brauchen würde.

Im Lauf von drei Tagen kam Feechen immer wieder zu ihr und blieb lange. Viel länger, als sie sonst bei Seminarteilnehmern verweilt.

Es war wunderschön zu beobachten, welche Entwicklung bei der Seminarteilnehmerin stattfand. Vom erschreckten passiven Widerstand über ein vorsichtiges Streicheln mit dem Kugelschreiber bis hin zum völlig selbstverständlichen Kosen – komplett beschwerdefrei, mit einem seeligen Strahlen im Gesicht und leuchtenden Augen. Und Feechens Kommentar dazu: *„Sie war reif dafür, ihre Allergie aufzugeben. Das war einfach. Es geht oft nur um Annahme und Widerstand in euren Krankheitsbildern, um Zorn, Angst, Kummer, Wut, Starre oder Schmerz. Wenn ihr diese Glaubensbilder verlasst, kön-*

nen wir euch bei eurer Genesung helfen. Das ist das Wunder, das in euch liegt. Ihr müsst es nur zulassen."

Und das hat schließlich auch schon kein Geringerer als Theophrastus Paracelsus einst verkündet: „Heilen kann nur einer: Es ist der unfassbar kundige und unbegrenzt tüchtige Heilmeister in uns. Er ist imstande, alles zu kurieren ... Wenn ich heilen will, kann ich nichts anderes tun, als ihm zu Kräften zu verhelfen ... ich brauche dazu kein Feuer, sondern nur einen winzigen Funken."

„Der Körper", sagte Christian Morgenstern, „ist der Übersetzer der Seele ins Sichtbare!" Wie wahr.

Davon bin ich immer wieder tief bewegt, wenn wir mit Aufstellungen oder anderen systemischen Techniken beispielsweise in den Spiegelseminaren arbeiten.

🐱 Pünktchen und Heide

Pünktchen ist eine Perserkatze, die nur in der Wohnung lebt

Protokoll vom 29. August 2003

„Ich bin stolz, aber davon ist nicht mehr so viel zu sehen grade. Ich weiß, dass ich ungepflegt wirke, dafür entschuldige ich mich, aber es ist nicht mehr leicht, diesen Körper reinzuhalten. Die Energien sind nicht mehr im Fluss, ich bin schon halb draußen aus dieser Hülle und seh mir manchmal beim Schlafen zu. Es ist nur ein Körper, der allmählich ausgedient hat. Es scheint so schwer und fast tragisch sinnlos, ihn putzen zu wollen, und doch widerstreben mir Schmutz und verklebtes Fell. Ich habe einen Druck auf den Ohren, geschwollene Lymphknoten?/dickes Gefühl im Hals, geschwollen, dicht, Schluckbeschwerden. Und auch meine Nase fühlt sich zu an. Im Bauch sitzt eher kein Schmerz, das fühlt sich nur seltsam hohl an, alles irgendwie. Aber der Kopf. Druck im Kopf, auch im Brustraum. Die Pfoten fühlen sich manchmal elektrisch an, bizzeln und kribbeln so, manchmal schläft mir was ein. Ich fühle mich unsicher auf den Beinen und brauche viel Flüssigkeit. Flüssigkeit mit Elektrolyten. Ich durste, aber trinken und fressen fällt schwer. Alles tut weh. Metalli-

scher Geschmack. Belastung durch Schwermetalle. „Gifte" im weitesten
Sinn, nichts, was ich direkt gefressen habe. Altlasten, die sich summieren.
Meine Pumpe will nicht mehr so, und zusammen mit der Lunge sind da
Flüssigkeiten in mir, die nicht so verteilt sind, wie sie sollen und alles
schwerer machen. Ich kann mich noch nicht recht entscheiden, ob ich los-
lassen soll oder will, mache mir Sorgen um Frauchen, sie braucht mich.
Uns fällt es beiden schwer, loszulassen und wir wissen nicht richtig, wie
wir mit der Situation umgehen sollen. Mal fühle ich mich sterbenselend,
mal leicht. Mein Kopf platzt, ich bin nicht mehr Herrin meiner selbst.
Die Königin ist entschwunden. Ich weiß es nicht, ach, ich weiß es nicht
(da ist ein Gefühl von – beim Menschen würde ich sagen Mumps
oder dicke Mandeln). *Ich reagiere auf eine Umweltbelastung.* (Ich weiß
nicht, was es genau ist, kann es sein, dass sie was eingeatmet hat?
Oder irgendwelche Reinigungsmittel, Teppichreiniger, irgendwas
in der Umgebung? Elektrosmog? Neuer Funkturm? Wo schläft die
Katze am liebsten? Hat sich irgendetwas geändert?)
Augen brennen ein wenig und Ohren drücken. Augen sind im Moment
nicht so schlimm, aber ich bin ungeheuer lichtempfindlich und ge-
räuschempfindlich geworden.
Frauchen soll mich mit Licht und Liebe einhüllen, brauche viel Wärme,
Wärmflasche in Handtuch tut gut, auf die ich mich legen kann, wenn ich
möchte. Ich mag nicht zum Fressen gezwungen werden (Versuchen Sie
es mit Flüssignahrung in Pipette – trinken ist sehr wichtig mit Elek-
trolyten/Traubenzucker o.Ä., Astronautennahrung!). *Ich möchte*
noch ein wenig Streicheleinheiten und Wärme genießen und dann fried-
voll einschlafen, wenn es keine Linderung gibt. Aber einen Versuch haben
wir noch. Es wird sich schnell zeigen, ob es anschlägt oder nicht. Ich füh-
le mich kraftlos und schlapp, aber ich genieße die Wärme und Energie,
die von dir kommt. Mein Herz drückt, die Kehle ist so eng. Alles fühlt
sich in mir brennend und entzündet an. Aber Kopf/Kehle fühlt sich ge-
schwollen an. Halsweh. Möchte noch nicht gleich sterben, bin ein Kämp-
fer. Sie soll loslassen und wir werden sehen, wie die Entscheidung fällt.

Keine Schmerzen, kein Zwang. Und ich gebe ihr ein deutliches Signal, wenn es soweit ist. Es kann nicht mehr lang dauern, so oder so. Ich möchte auf ihren Schoß. Wärme und Streicheln. (Sie schnurrt.) Bin müde, möchte schlafen jetzt. Kämmen ziept auf der Haut. Weiche Bürste genieße ich mehr und am allermeisten Frauchens sanfte Hände. Warm."

Protokoll vom 29. Oktober 2003

„Abwehrkräfte geschwächt. Immer noch so viele ungesunde Dämpfe im Haus. Strahlung. Ist nur unwesentlich geringer jetzt. Aber ich kann es besser aushalten. (Vielleicht finden Sie es furchtbar albern, aber versuchen Sie es doch mal mit Heilsteinen. Vielleicht duldet Pünktchen es sogar, wenn man ihr einen kleinen Bergkristall oder Bernstein am Halsband befestigt, sodass er ihre Haut/Fell berührt? Wenn sie es nur eine Stunde am Tag erträgt wäre es vielleicht schon hilfreich – kann Ihre Heilpraktikerin das austesten? Oder auf ihren bevorzugten Schlafplatz legen. Dritte Möglichkeit wäre, einen solchen Heilstein ein paar Minuten in ihr Trinkwasser zu legen, um es dadurch zu energetisieren. Probieren Sie es mal selbst, Sie werden den Unterschied schmecken! Wichtig ist, dass Sie die Steine täglich unter fließendem Wasser abspülen und ab und zu in die Sonne legen, um sie wieder aufzuladen und zu reinigen. Nur klares Wasser, keine Seife o.Ä.) *Frauchen gibt sich Mühe und es ist schon viel besser geworden. Wenn sie saubermacht, kratzt es im Hals. Hat manchmal auch Putzmittelgeruch an den Händen. Bin sehr empfindlich geworden. Sie hat einen Teil des Ganzen noch nicht richtig verstanden. Von der Aufgabe. Ich bin gern hier, und gern hier gewesen, wir haben etwas ganz Besonderes, das irgendwann einmal zu Ende gehen wird. Ich bin aus dem Gleichgewicht. Ein Aufbruch ist getan. Es hat vielleicht nicht ganz gereicht, ich weiß es nicht, aber das ist ja nur mein Körper. Ja, ich habe im Moment wenig Lebenslust, meine Augen sind stark lichtempfindlich, deswegen mag ich nicht nach draußen in die Sonne gehen, und ich bin empfindlich gegen Feuchtigkeit geworden. Habe Wasser in mir,*

das da nicht hingehört. Schleichender Verfall, aber das ist das Alter. Ich bekomme dann einen neuen Körper, wenn ich will, das ist alles schon abgemacht. Sie soll sich nicht so grämen, ich bin ihr sehr dankbar, dass sie mit mir neue Wege gegangen ist, das war ihr eine Überwindung. Es wird sie weiterbringen. Auf anderes zu achten als bisher. Umwälzungen kommen langsam und schleichend, vielleicht kriege ich noch einmal die Kurve. Die letzte war sehr anstrengend. Sind Nachfolgen. Organisch geht alles bergauf, aber das Herz hat gelitten. Ist ein alter träger Muskel, kann man nichts machen. Mir würden neue Bachblüten guttun, auch für Frauchen. Ihr Mann nimmt so was ja nicht. Dem würde es aber auch guttun. Akupunktur könnte helfen. Das Entgiften ist noch nicht abgeschlossen, es ist nur in eine andere Stufe gegangen. Ich bin erschöpft, seelisch und geistig, das gehört mit zur Heilung, auch wenn ich noch nicht sagen kann, in welche Richtung es geht. Die neuen, guten Energien helfen mir, mich zu lösen. Frauchen soll auch Bachblüten nehmen, die uns beiden helfen, loszulassen und neu zu denken. Ich muss selbst entscheiden können, was wird. Nicht von ihr gehalten werden. Sie soll mich loslassen, damit ich mich für mich entscheiden kann. Ich würde gern noch bleiben. Wir werden sehen, was dieser Körper will und kann. Ich finde wieder mehr Mut. Aber ich brauche auch viel meine Ruhe. Vertrauen haben. Und ich mag keine dicken Spritzen mehr."

Kommentar von Heide

„Ich hatte eine innige Beziehung zu meiner Katze bis zu ihrem Tod. Wir hatten zusammen gekämpft und dank Ihrer Hilfe doch noch ein weiteres Jahr zusammenbleiben können, sie hat Leishmaniose überstanden, einen eitrigen Furunkel und Bandwurmbefall – (obwohl sie nie draußen war). Sie wurde von mir alle halbe Stunde selbst in der Nacht, mit einem kleinen Moccalöffel gefüttert und war unglaublich dankbar und lieb. Ihre Kommunikation damals mit Pünktchen, als kein Weiterkommen mehr war, hat uns alle – besonders mich wahnsinnig berührt und wieder Hoffnung schöpfen lassen. Ich hoffe, Sie können noch vielen Tierbesitzern, die in einer verzweifelten Lage sind, weiterhelfen."

Heide Meyer, Luxemburg

Der Abschied von Bastet

Die folgende Geschichte hat mir meine Schülerin Alice Stockinger erzählt und für uns aufgezeichnet:

Christina fand Bastet halb tot ein paar Wochen alt im Reitstall. Sie zog sie mit der Flasche auf. Bastet ist der Name der ägyptischen Göttin für Fruchtbarkeit und Liebe, die in Katzengestalt auftritt und Christina sagte schon damals: *„Bastet ist für mich die eine Katze. Eine andere wird es danach nicht mehr geben."*

Elf Jahre später erkrankte Bastet und Christina rechnete mit dem Schlimmsten. Sie selbst war damals nach einer Trennung sehr verletzt und hatte mit dem Thema Beziehungen abgeschlossen. Der weitere Abschied belastete sie schwer.

Da Bastet zeitweise bei Christinas Eltern lebte, lernte ich sie nie persönlich kennen. Christina bat mich im Winter, mit Bastet übers Foto zu kommunizieren und noch während ich schrieb, liefen mir die Tränen über das Gesicht. Selten hat mich ein Gespräch so berührt und auch heute noch bekomme ich Gänsehaut bei der Präsenz, die nach wie vor zu fühlen ist.

„Ich bin müde und hungrig zugleich. Hungrig nach Leben und müde davon. Ich wünsche mir einen Zustand zwischen den Welten. Ein noch hier aber schon fort, ein Dableiben und Weggehen. Ich möchte euch nicht kränken, bin ich euch doch sehr verbunden. Doch es zieht mich in ein anderes Leben. Ich möchte aber auch selbst bleiben und bin mir über den Zeitpunkt noch nicht sicher, der es werden soll. Eure rührende Art um mich begleitet mich schon mein ganzes Leben. Ich danke euch für eure Liebe, Fürsorge und Freundschaft. Ich bin selbst mit dem Auftrag zu euch gekommen, euch dies zu lehren. Wenn es soweit ist und eure Lektionen beendet sind, dann kann ich auch in Ruhe gehen. Seht mein Ge-

hen nicht als Strafe oder Untreue an, nehmt vielmehr mein Bleiben als Geschenk. War ich doch jeden Tag voll mit euch und in euren Herzen präsent. Ich bin eine Wanderin. Ich bleibe nicht gerne an einem Ort. Ich ziehe weiter, wenn der Ruf mich ereilt. Es sind manchmal die Rufe der großen Seele, dann wieder Aufgaben, die noch auf mich warten. Ich bin nicht undankbar. Ich bin vielmehr Lehrerin und Schülerin in einem. Ich werde immer bei euch sein. Auch wenn ihr schon lange in anderem Leben verweilt, wird es doch plötzlich ein Aufblitzen des Wiedererkennens geben. Dann wirst du (Christina) wissen, dass ich dein Kätzchen bin. Lasst mir die Ruhe, die ich noch benötige. Die Vorbereitung, um die Welten zu wechseln, ich habe es doch schon oft getan und es fällt mir doch so schwer. Ist dein Herz, mein geliebtes Menschenkind, doch voller Kummer und Schmerz, kann ich dir doch nicht noch mehr davon bereiten. Zu viel Abschied überschattet deine Seele und ich kann doch nicht noch einen dir zumuten. Und doch wissen wir, dass wenn die Zeit da ist, ist es unaufhaltsam.

Ich liebe den Blütenduft deiner Haut, wenn du mich an dich nimmst. Halte mich in deinem Herzen lebendig, dann kann ich dich gar nicht verlassen, auch wenn ich fort bin.

Gott segne dein Antlitz und stehe mir auf meiner Reise bei. Bin doch auch ich nicht frei von Unsicherheit und Angst."

Ein halbes Jahr später im Juli ging Bastet. Ihre Familie verabschiedete sie. Bastet begleitete Christina fast zwölf Jahre lang – jene zwölf Jahre, die für Christina viele Schicksalsschläge bereithielten. Sie war für Christina wie ein Engel.

Drei Tage später überkam Christina ganz plötzlich – wie durch Eingebung – das Bedürfnis, im Wiener Tierschutzhaus vorbeizuschauen, obwohl sie eigentlich noch nicht für ein neues Tier bereit war. „Zufällig" hörte sie von einem Welpen, der in derselben Minute, als Bastet starb, im Tierheim abgegeben worden war. So kam Emily, eine Hündin, zu ihr.

Christina: „*Ich bin davon überzeugt, dass Bastet mir Emily geschickt hat. Beide haben das gleiche schwarzweiße Fell und ein extrem ähnliches Verhalten. Wenn ich traurig war, hat sich Bastet immer auf meine Brust gelegt und die Pfoten um mich gelegt. Kürzlich hat Emily das Gleiche getan. Ich weiß nicht, ob Bastet in Emily weiterlebt oder ein Seelenteil von ihr in ihr ist, aber zu ihr geführt hat sie mich auf alle Fälle.*"

Und auch Emily hatte einen Auftrag, Christina zu führen: Einen Monat später büxte Emily bei einer Veranstaltung aus und biss einen Mann so in die Hand, dass er blutete – so lernte Christina ihren heutigen Mann kennen.

Für mich ist das eine der schönsten Geschichten, die mir je begegnet sind, weil sie einfach zeigen, dass, wie dunkel es auch immer sein mag, danach Licht kommt. Es geht immer weiter. Und sie gibt Hoffnung all jenen, die trauern und Abschied nehmen. Einer meiner Lieblingssätze ist „Wenn sich eine Tür schließt, öffnet sich immer auch eine andere." Nur verbringen wir viel zu viel Zeit damit, auf die geschlossene zu schauen und übersehen damit vielleicht die sich neu öffnende.

Ge-Dank-en

Vielen Dank, liebe Leserin, lieber Leser, dass Sie bis zur letzten Text-
zeile gelesen haben. Viel Freude nun mit der Tierkommunikation!
Gehen Sie verantwortlich und voller Respekt für die Schöpfung damit
um und bedenken Sie auch, dass jedes Gespräch eingefärbt sein wird
von Ihrer Persönlichkeit. Es gibt keine absolute Wahrheit und keinen
Grund für Sie, jemanden von irgendetwas überzeugen oder jemandem irgendetwas beweisen zu wollen. Lassen Sie Ihre Erfahrungen
und Resultate für sich sprechen. Von ganzem Herzen: Alles Gute!
Hab ich noch etwas vergessen, Feechen und Onkelchen? Das letzte
Wort bleibt euch vorbehalten:

*„Vertraut uns in dem, wie wir bei euch sind, welche Aufgaben wir uns
wählen und wann wir wieder fortziehen. Gebt uns die Freiheit, wir selbst
zu sein. Sperrt uns nicht ein, weil uns ein Auto überfahren könnte. Wir
möchten die Sonne auf unserem Fell spüren, den Schlag von Schmetter-
lingen hören und feuchtes Gras unter den Pfoten spüren. Wer sich noch
nie die Krallen an einem Baum im Garten wetzen durfte, noch nie den
Duft einer Maus in ihrem Loch geschnuppert hat oder mit einem Kater
um ein Revier gefochten – der weiß nicht, welche Abenteuer uns das Leben bietet. Das ist Glück, ist Fülle, ist Leben. Auch wenn ihr uns haltet
oder bremsen wollt – wir sind frei. Was ihr da haltet und einengt, seid
letztlich nur ihr selbst. Was ihr da liebt und pflegt, seid letztlich auch ihr
selbst. Legt den Käfig in euch ab. Unsere Geheimnisse liegen hier vor euch.
Dient der bedingungslosen Liebe, so wie wir. Wir sind Katzen. Wir sind
frei. Wir dienen allem, was ist."*

Feechen, Onkelchen und Karin Müller
Burgwedel, im Sommer 2008

Service

Zum Weiterlesen

Batmanghelidj, Fereydoon: **Sie sind nicht krank, Sie sind durstig.** VAK 2003

Bauer, Joachim: **Warum ich fühle, was du fühlst.** Heyne 2006

Baumgart, Liesl/Hand, Marlies: **Bach-Blüten für Tiere.** Oertel & Spörer 2000

Bergmann-Scholvien, Claudia: **Schüßlersalze für meine Katze.** Kosmos 2009

Biddulph, Steve: **Das Geheimnis glücklicher Kinder.** Heyne 2003

Brehmer, Marion: **Bachblüten für die Katzenseele.** Kosmos 2006

Bröckers, Steve: **Das Geheimnis glücklicher Kinder.** Heyne 2003

Bröckers, Mathias: **Das sogenannte Übernatürliche.** Eichborn 1998

Byrne, Rhonda: **The Secret – das Geheimnis.** Goldmann 2008

Duperey, Anny. **Das Glück, von einer Katze gefunden zu werden.** Scherz 2000

Fliege, Jürgen/Emoto, Masaru: **Die Heilkraft des Wassers.** Koha 2004

Grimm, Hans-Ulrich: **Katzen würden Mäuse kaufen.** Deuticke & Zolnay, Wien/Österreich 2007

Hüther, Gerald: **Bedienungsanleitung für ein menschliches Gehirn.** Vandenhoeck 2006

Hüther, Gerald: **Die Macht der inneren Bilder.** Vandenhoeck 2006

Keller, Erich: **Endlich frei mit EFT.** Ullstein 2007

Kössner, Christa: **Mein Haustier spiegelt mich.** Ennsthaler Verlag, Steyr/Österreich 2002

Matlin, Marlee: „**What the bleep do we (k)now?**" DVD, Horizon Film, 2004

Mohr, Bärbel: **Lichtkinder.** Kohaverlag 2005

Münchberg, Angela: **Katzen naturnah ernähren.** Cadmos 2007

Sharamon, Shalila: **Das Chakra-Handbuch.** Windpferd 2001

Sheldrake, Rupert: **Der siebte Sinn der Tiere.** Ullstein 2001
Sheldrake, Rupert: **Der siebte Sinn des Menschen.** Fischer 2006
Solisti-Mattelon, Kate/Mattelon, Patrice: **Spirituelle Partnerschaft mit Haustieren.** Integral 2000
Sonnenschmidt, Rosina: **Heilende Hände für Tiere.** Kosmos 2005
Stefánsdóttir, Erla: **Lebenseinsichten der isländischen Elfenbeauftragten.** Neue Erde 2007
Tellington-Jones, Linda: **Der neue Weg im Umgang mit Tieren.** Kosmos 2005
Tepperwein, Kurt: **Loslassen, was nicht glücklich macht.** mvg 2005
Tolle, Eckhart: **Eine neue Erde.** Goldmann 2005

Nützliche Adressen und Links

TTEAM
Bibi Degn
Hassel 4
D- 57589 Pracht
www.tteam.de

Memon-Umwelttechnologie
www.memon.de

Infos über Katzenfutter
www.savannahcat.de/katzenernaehrung.html

Weitere Informationen zur Autorin und ihren Seminarangeboten finden Sie unter:
www.karin-mueller.com
oder
www.animalbalance.de
E-Mail: *tierkommunikation@karin-mueller.com*

Die CD „Gedankenreisen zur Tierkommunikation" von Karin Müller mit Musik von Volker Wiedersheim können Sie per E-Mail unter *tierkommunikation@karin-mueller.com* bestellen.

Bildnachweis
16 Bildtafeln mit Fotos von Anne Drewes (Tafel: 13 o.), Carina Fürst (Tafel: 12 o.), Imre und Inga Grimm (Tafel: 7 o. l.), Sonja Grzella (Tafel: 7 o. r.), Kerstin Haase-Schwenkler (Tafel: 10 u.), Evelyn Hurm (Tafel: 7 u.), Renate und Burkhard Jachmann-Zühlke (Tafel :4 u.), Uwe Janssen (Tafeln: 2; 3 o. r.; 4 o.; 5; 6 u.; 9; 13 u.; 14; 15 o.; 16), Mirjam Keller (Tafel: 12 u.), Karin Müller (Tafeln: 1 o. r., u.; 3 u.; 10; 15 u. l.), Steff Ostendorf (Tafel: 11 u.), Nicole Penn (Tafel: 8 o.), Uli Schulze (Tafel: 6 o. r.), Nadine Sass (Tafel: 3 o.l.), Claudia Sigrist (Tafel: 11 o.), Linda Unland (Tafel: 6 o. l.), Petra Wiesmann (Tafel: 1 o. l) und Anita Wenisch (Tafel: 8 u.).
Mit einer Illustration von Heinz Grundel.

Impressum
Umschlaggestaltung von eStudio Calamar unter Verwendung von drei Fotos von Uwe Janssen.

Mit 40 Farbfotos und einer Schwarzweiß-Zeichnung.

Unser gesamtes lieferbares Programm und viele weitere Informationen zu unseren Büchern, Spielen, Experimentierkästen, DVDs, Autoren und Aktivitäten finden Sie unter **www.kosmos.de**

Gedruckt auf chlorfrei gebleichtem Papier

© 2009, Franckh-Kosmos Verlags-GmbH & Co. KG, Stuttgart.
Alle Rechte vorbehalten
ISBN 978-3-440-10834-5
Redaktion: Valeska Schwarz
Satz: Jochen Gündel
Produktion: Eva Schmidt
Printed in The Czech Republic / Imprimé en République Tchèque

Wohlbefinden mit dem TTouch®

Für gesunde Samtpfoten

Claudia Bergmann-Scholvien
**Schüßler-Salze
für meine Katze**
ca. 144 S., ca. 80 Farbfotos
€/D 14,95
€/A 15,40; sFr 27,90
Preisänderung vorbehalten
ISBN 978-3-440-11659-3

■ Die Tierheilpraktikerin Claudia Bergmann-Scholvien zeigt, wie alltägliche Gesundheitsprobleme, Stress oder Verhaltensauffälligkeiten bei Katzen erfolgreich behandelt werden können.

■ Mit Mini-Poster: Alle Schüßler-Salze und ihre Anwendung auf einen Blick.

KOSMOS

www.kosmos.de